세상에서 가장 아름다운 고백

Chansung's Confession

by William Newton Blair

세상에서 가장

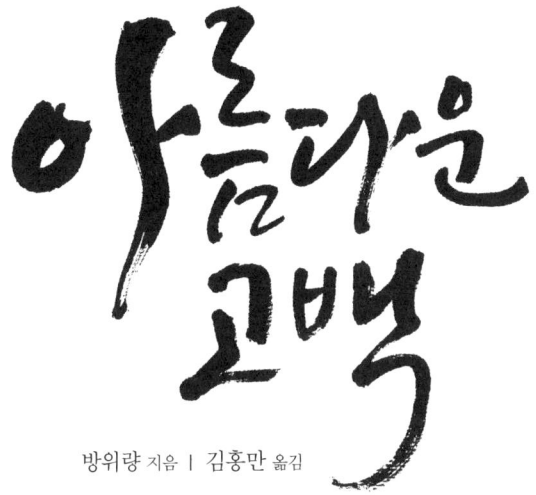

방위량 지음 | 김홍만 옮김

지평서원

| 차 례 |

- ■ 추천의 글 _김병훈 목사······6
- ■ 옮긴이의 글 _김홍만 목사······10

<u>1</u> 태평동······15

<u>2</u> 싸움······20

<u>3</u> 춘화의 회복······25

<u>4</u> 타향살이······31

<u>5</u> 친구를 만난 찬성······36

<u>6</u> 선생이 된 찬성······45

<u>7</u> 위로받은 춘화······53

<u>8</u> 찬성의 어머니······56

<u>9</u> 평양으로 가는 길······64

<u>10</u> 평양에서의 만남······71

<u>11</u> 춘화의 결정······81

<u>12</u> 예수님과 함께······88

<u>13</u> 하늘의 꽃······96

14 치료하시는 하나님……98

15 군수의 사무실에서……104

16 찬성의 결심……109

17 새로운 길……115

18 숙천 성경 공부……119

19 천화를 구한 찬성……125

20 직장을 구한 찬성……131

21 마음의 전투……136

22 광산 사업에 투자한 예 노인……143

23 이보다 더 사랑하는 이는 없네……152

24 대부흥……161

25 찬성의 고백……165

26 태평동 집으로……171

| 추천의 글 |

_김병훈 목사
(합동신학대학원대학교 조직신학 교수, 나그네교회 담임)

    선교사는 오직 하나의 소망만을 마음에 담습니다. 자신을 그곳으로 보내신 하나님의 뜻이 이루어지는 것, 곧 한 영혼이라도 구원을 받아 회개하고, 교회가 세워져 하나님의 은혜의 영광을 찬미하는 것이 바로 선교사의 가장 큰 기쁨일 것입니다. 이 소설의 저자인 방위량(윌리엄 블레어, William N. Blair) 선교사는 자신의 문학 세계를 통해 바로 그 기쁨을 가득히 담은 이야기를 감동스럽게 펼칩니다.

    사실 이 소설은 완전한 허구가 아닙니다. 방위량 선교사는 이 소설의 배경이 되는 1907년 평양 대부흥 전후의 상황을 누구보다도 생생하게 알고 있었습니다. 방위량 선교사는, 지평서원에서 앞서 출간한 『하나님이 조선을 이처럼 사랑하사』(*The Korean Pentecost and the Sufferings Which Followed*)에서 대부흥 운동의 역사적 사실을 정확하게 보고합니다. 그리고 이 소설에서는 주인공들의 삶의 이야기를 통해 대부흥 운동의 은혜를 독자들이 직접 만나게 합니다.

이 소설을 쓴 방위량 선교사의 목적은 하나입니다. 평양 대부흥을 통해 자신이 경험한 것을 토대로, 하나님께서 조선에 있는 자신의 백성들을 어떻게, 그리고 얼마나 사랑하셨는지를 소설의 형식을 빌려 더없이 아름다운 감동으로 전해 주는 것입니다.

이 소설에서 그리스도인이 된 주인공 찬성은 평양 대부흥을 통해 내리신 성령 하나님의 은혜를 받았습니다. 그리고 그때 많은 이들이 그랬듯이, 그도 자신의 죄를 고백하고 울며 애통하였습니다. 이것은 실화를 바탕으로 한 소설로서, 그가 행한 회개의 역사는 사실이었습니다. 그런데 그 자리에서 그는 생각하지도 못한, 너무나 놀라운 하나님의 또 다른 섭리와 일하심을 만나게 됩니다!

이 이야기는 짧습니다. 그 내용도 단순합니다. 그러나 이 책은 선교사가 하나님께 드리는 감사와 그로 인해 선교사 자신이 받은 행복을 풍성하게 노래합니다.

한국 교회가 자꾸 힘을 잃어 가는 이 시대에, 이 소설은 우리 민족을 향한 하나님의 선한 열심을 상기시킵니다. 그리고 우리가 지금 어떠한 하나님의 은혜를 받아 오늘에 이른 자들인지를 생각하게 합니다.

2007년에 한국 교회들은 1907년 평양 대부흥이 다시금 일어나기를 간절히 바라는 마음으로 각종 기도회와 학술 모임 등을 열었습니다. 무엇을 구하는 것이었을까요? 다들 회개라고 말했습니다. 그러나 실상 한국 교회에 회개의 역사는 두드러지게 나타나지 않았습니다. 그러기는커녕 진실한 그리스도인들을 슬프게 하는 소식들이 여전하였습니다.

바로 이러한 즈음에, 조선의 교회를 향한 하나님의 사랑을 증언하며, 그로 인해 소박하지만 새 생명의 향기를 드러냈던 그리스도인의 신앙을 들려주는 이 이야기는 오늘 우리 한국 교회에 큰 위로를 주며, 장래를 두려워하지 않을 용기를 줍니다. 진실로 우리가 회개로 이끄시는 하나님의 은혜를 멀리하지 않는다면 말입니다!

| 옮긴이의 글 |

_김홍만 목사(한국청교도연구소 소장)

이 책을 쓴 방위량 선교사는 미국 북장로교 소속 선교사로서, 1901년 9월에 한국에 들어와 마포삼열(사무엘 마펫, Samuel A. Moffett)과 함께 평양 선교부에서 일했습니다. 그는 1907년 평양 대부흥의 현장에 있던 선교사였습니다. 그래서 그는 저서 『하나님이 조선을 이처럼 사랑하사』에서 평양 대부흥에 관해 자세히 기술합니다.

그리고 이 책 『세상에서 가장 아름다운 고백』(Chansung's Confession)에서는 대부흥 당시 실존했던 인물들의 이야기를 다룹니다. 그들이 회개하기까지 죄의 질책을 받으면서 괴로워하고, 죄를 미워하며, 결국 온전히 회개하는 과정을 잘 묘사합니다. 그뿐만 아니라 인물들의 생애를 부분적으로 다룸으로써 하나님의 섭리에 대해 매우 극적으로, 그리고 문학적으로 서술하고 있습니다.

또한 이 책은 당시 교회의 모습을 통해 한국의 초기 그리스도인들이 어떻게 복음을 전하였으며, 예수님을 믿는 믿음의 증거가 그들의 삶 속에서 어떻게 드러났는지를 잘 보여 줍니다. 제사 앞에서 그리스도인들이 어떻게 신앙을 고백했으며, 우상 숭배에 맞서 어떻게 고난을 받았는지를 보여 줍니다. 따라서 이 책은 믿음의 고백과 실제 삶이 일치하는 당시 그리스도인들의 모습을 엿볼 수 있는 중요한 작품입니다.

 저는 이 작품을 미국 필라델피아(Philadelphia)에 있는 미국 장로교 역사 사료 보관실에서 발견했습니다. 이 책을 읽는 내내 깊은 감동을 받았으며, 마지막 부분에 가서는 눈물을 흘리지 않을 수 없었습니다. 이 책을 읽는 독자 역시 제가 받은 감동을 느끼리라 확신합니다. 그 감동은 단지 일시적 감정에서 오는 것이 아니라, '하나님께서 우리에게 이토록 큰 사랑을 베푸신다'는 깨달음에서 오는 것입니다.

이 책을 40여 년 동안 나와 함께 조선(한국)에서 신실하게 선교 사역에 헌신한
사랑하는 아내 고(故) 에디스 알렌 블레어(Edith Allen Blair)와 나의 한국인 동료들,
특히 이후에 평양 제1장로교회의 목사가 된
사랑하는 동역자 길선주 목사에게 바친다.
또한 나와 함께 북한 땅에서 복음을 전파하다가 박해를 받고 숨져 간,
비록 역경의 나날이었으나 승리를 노래한
많은 신실한 믿음의 형제들에게 이 글을 바친다.

_방위량 선교사

1
태평동

 태평동은 '큰 평화의 마을'이라는 뜻이다. 실제로 이 마을은 소나무로 곱게 차려입은 산과 강 사이에 둥지를 틀고 있었으며, 위로는 절벽이, 아래로는 수양버들이 줄지어 서서 마을을 보호하고 있었다. 가옥은 전부 90채 정도였으며, 대부분 벽에 진흙을 바른 초가집이었다.

 마을 뒤편의 약간 높은 땅에는 기와집 몇 채가 모여 있었는데, 그중에 이 마을의 촌장인 한찬호의 집이 ㄱ 자태를 뽐내고 있었다. 그의 아버지 때부터 대대로 이 집에서 살고 있었다.

 10월의 아름다운 어느 날 아침이었다. 한국의 언덕들은 황갈색과 초록색, 노란색으로 화려하게 명절 옷을 차려입고 노란 살구나무 장식을 달고 있었으며, 주홍색 담쟁이 덩굴과 여름에 잘라 낸 그루터기에서 새롭게 자라난 진홍색 참나무가 적절히 조화를 이루어, 때 이른 겨울의 위협에 분개하고 있었다.

태평동 사람들의 태반은 분명히 집 안에만 있기에는 너무나 아름다운 날이라고 생각했다. 마을 사람들은 하나둘 마을 뒤편 언덕에 있는 사당(祠堂) 근처로 모였다. 그곳에 키가 큰 대나무 기둥 네 개를 세우고, 그 위에 천막을 쳤다. 사람들은 나무 쟁반에 음식을 담고 목이 긴 병에 술을 담아 언덕으로 나르고 있었으며, 한쪽에서는 가마솥에 돼지 한 마리를 삶고 있었다.

천막 아래에는 세 여인이 긴 옷을 입고 번쩍거리는 모자를 쓰고 앉아 있었으며, 그 주위로 장구와 꽹과리가 빙 둘러 있었다. 이들은 마을에서 고용한 무당들이었는데, 사당 앞에서 사람들의 건강과 음식과 자손의 복을 빌고, 기근과 전쟁을 막아 주는 영들을 즐겁게 하는 춤을 추기 위해 왔다.

꽹과리와 장구 소리가 울려 퍼지자 춤이 시작되었다. 처음에는 부드럽게 팔을 올려 너울대며 장단에 맞추어 춤을 추면서 천막을 받친 사각기둥 주위를 돌고 돌았다. 그러다가 갑자기 무당의 얼굴이 굳어지더니 등골이 오싹해지는 이상한 곡조의 노래를 불렀다. 춤이 계속될수록 그 음조가 더욱 높아졌다.

춤추는 자들은 점점 빨라지는 음악에 맞추어 몸을 획획 돌렸다. 그리고 몸을 웅크렸다가 벌떡 일어나 뛰면서 사람들에게 시선을 던졌다. 사람들은 그 시선과 마주칠 때마다 움찔거렸다. 장구와 꽹과리 소리가 점점 더 빨라졌고, 그들은 그 박자에 맞추어 더 빨리 춤을 추었다. 그들은 더 이상 사람의 모습이 아니었다. 사람과 귀신 모두를 조롱하는 듯한 광란의 존재 그 자체였다.

모든 사람들이 이 시끄러운 소리에 몰입해 있었고, 바람결에 휘날리는 천막은 빛을 발하고 있었다. 누가 여기에 저항할 수 있겠는가?

학당의 훈장인 장 노인은 수업을 계속하기가 어렵다는 것을 알았다. 먹물을 온통 튀겨 가면서 그에게 글을 배우는 스무 명의 예비 학자들의 마음은 벌써 언덕 위에 가 있었다. 오로지 한 학생, 이 마을 촌장의 아들인 한찬성만 계속 중국 역사책을 읽고 있었다.

한찬성은 비록 열다섯이라는 어린 나이였으나, 이미 무거운 책임과 역할을 맡고 있었다. 촌장의 아들인 데다가 석 달 전에 결혼도 했기 때문이다.

훈장인 장 노인이 등을 돌릴 때마다 교실 이곳저곳에서 강렬한 눈짓들이 오갔다.

"야, 영식아, 네가 훈장님께 부탁드려 봐."

"아니야. 인수야, 네가 말씀드려."

하루 종일 무슨 일이 일어날지를 예견하고 있던 장 노인은 수업을 계속해 봤자 소용이 없겠다는 결론에 이르렀다. 그리고 느닷없이 그들을 향해 돌아서더니 반장인 영식에게 물었다.

"야! 이 녀석아, 무슨 문제라도 생겼느냐? 너 공부는 안 할 거냐?"

그러자 영식은 대답했다.

"존경하는 선생님, 선생님도 아시다시피 오늘은 마을 사람들이 전부 언덕 위에 올라가 무당들의 춤을 구경하고 있습니다. 우리도 가게 해 주십시오. 내일 더욱 열심히 공부하겠습니다."

장 노인은 이미 학생들을 보내기로 마음먹고 있었다. 솔직히 자신도 가 보고 싶었다. 그러나 학생들을 기꺼이 보내 주는 것처럼 보이고 싶지는 않았다.

"이런 바보 같은 놈들!"

장 노인은 불만스럽게 말했다.

"너희들이 공부할 마음도 없고 가고자 결정했다면, 바로 꺼져라! 지금 당장!"

소년들은 문 앞으로 달려 나가 신발을 신었다. 그들은 순식간에 모두 떠나 버렸고, 장 노인과 찬성만이 남아 책들과 벼루를 정리하고 문을 걸어 잠갔다.

사랑하는 학생이 얼굴을 찌푸린 채 심각한 표정을 짓고 있자, 장 노인은 미소를 지으면서 물었다.

"너는 오늘 왜 그렇게 심각하니? 구경하러 가고 싶지 않은 게니?"

그러자 찬성이 대답했다.

"가고 싶지 않습니다. 저희 아버님께서 무당은 사람들을 속이는 악한 여자들이라고 말씀하셨거든요. 아버님은 무당들이 오는 것에 반대하십니다. 오늘은 좀 멀리 나갔다가 저녁 때 돌아오겠다고 하셨습니다. 아버님을 문안하기 위해 서둘러 집으로 가야 합니다."

찬성은 마을을 지나 집으로 가는 길에 사람들이 언덕 위에 모여 있는 것을 보았다. 무당들의 이상한 노랫소리도 들려왔다. 소년은 불쾌한 마음에 입술을 깨물었다. 동양의 옛 문화에서는 그런 광란의 춤을 쉽게 볼 수 있었다.

  찬성의 아버지 한찬호는 진정한 도를 추구하는 사람이었다. 그는 오랫동안 중국 고전을 공부했으며, 기품 있고도 고상한 사람이었다. 그리고 일찍부터 아들에게 사람들의 미신적인 관습이 역겨운 것이라고 가르쳤다.

2
싸움

찬성은 집으로 돌아와 하인에게 아버지가 돌아오셨느냐고 물었다. 하인은 아직 귀가하지 않으셨다고 대답했다. 찬성은 작은 정원을 지나 안뜰로 들어갔다. 작은 정원에는 꽃이 만발하고, 연못의 금붕어가 햇빛에 반짝거렸으며, 옹기 화분에 심긴 소나무 분재들이 놓여 있었다.

찬성은 여전히 깊은 생각에 잠긴 채 아름다운 꽃들을 무심히 지나쳐 곧바로 자신의 방으로 들어갔다. 그러다가 문 앞에서 정원에 핀 꽃들보다 훨씬 아리따운 아내 박춘화와 마주쳤다. 찬성은 음력 5월 10일에 춘화와 결혼하였다. 그녀는 정말 아름다웠다. 그녀의 검은 눈은 웃는 듯했고, 머리털은 검디검어 윤이 반지르르했으며, 입술은 빨갛고, 뺨에는 보조개가 패여 있었다. 그녀는 평양에서 가져온 얇은 비단으로 만든 한복에 분홍색 명절 마고자를 입고 있었다. 찬성은 아내가 자랑스러웠다. 그녀의 조용하고 절제된 모습이 좋았다.

찬성은 미소를 지으면서, 아버지께서 하신 말씀이 없었느냐고 물었다. 그러다가 문득 춘화가 외출복을 입고 있는 것을 알아차렸다. 그는 춘화에게 물었다.

"어디 가는 거요?"

춘화는 웃으면서 "지금 무당춤을 구경하러 가는 길이에요"라고 대답했다. 그런데 찬성에게는 아내의 말이 마치 "당신은 상관하지 마세요. 잠깐 나갔다 올게요. 하루 종일 방 안에 있는 것이 싫증 났어요"라고 투정하는 것처럼 들렸다.

찬성은 다소 권위적이면서도 점잖게 아내에게 말했다.

"그런데 내가 신경이 좀 쓰이는구려. 당신도 알다시피 아버님께서 무당을 싫어하시잖소? 나는 가지 않을 것이니 당신도 가지 마시오."

그러자 춘화가 간곡히 부탁했다.

"하지만 저는 가야 해요. 영복이에게 들러서 같이 가기로 약속했거든요. 제발 허락해 주세요."

그러나 찬성은 단호했다.

"안 되오. 당신은 그곳에 가서는 안 되오. 이 문제에 대해 더는 말하지 마시오."

그러자 춘화의 얼굴이 화가 나서 상기되더니 이내 검은 눈에서 눈물이 흘렀다. 그녀는 돌마루에서 조그만 발을 동동 구르면서 말했다.

"거기에 간다고 해서 해로운 것은 아니잖아요. 만약 지금 여기에 아버님께서 계셨더라면 저를 보내 주셨을 거예요. 당신이 뭐라고 말씀하시든지 저는 갈 거예요."

찬성은 잠시 멍하니 서 있었다. 밝았던 그의 얼굴이 창백해지더니 이내 자줏빛으로 변했다.

"아니, 당신! 어떻게 당신이 나한테 그렇게 말할 수 있소?"

찬성은 춘화의 어깨를 붙잡고는 갑자기 방 안으로 밀쳐 버렸다. 춘화는 뒤로 넘어지면서 쓰러졌다. 그러나 곧바로 일어나 화가 나서 하얗게 질린 얼굴로 소리를 질렀다.

"나쁜 사람! 왜 나를 때리는 거야! 당신 미워요. 나를 가게 내버려 둬요!"

춘화는 찬성을 밀치면서 나가려고 시도했고, 찬성은 다시 한 번 있는 힘을 다해 춘화를 방으로 밀어 넣었다.

화가 머리 끝까지 난 찬성은 마룻바닥에서 조그만 다리미용 쇠막대기를 꺼내 들고는 그녀를 난폭하게 때리기 시작했다. 그러다가 점점 분노로 달아올라 그만 그녀의 머리를 후려치고 말았다. 그녀의 관자놀이에 상처가 깊이 패였다. 춘화는 마룻바닥에 쓰러진 채 움직이지 않았다. 상처에서 붉은 피가 철철 흘러나와 마루를 적시고 있었다.

순식간에 여기저기에서 많은 사람들이 달려왔다. 찬성은 어지러워 비틀거리다가 벽에 기대 섰다. 사람들에게서 울음소리가 흘러나오고 있었다. 찬성의 눈에는 자신이 때려서 생긴 상처에서 흐르는 피밖에 보이지 않았다. 그는 정신이 반쯤 나간 상태로 엉금엉금 기어 방 밖으로 나왔다. 온통 혼란스럽기만 하던 그는, "아이고 죽었소! 아이고 죽었소!" 하는 울음소리가 무슨 의미인지를 점점 어렴풋이 깨달았다.

깜깜하고 막막한, 도저히 가늠할 수 없는 두려움이 그를 사로잡았다. 어떤 손이 교수형 올가미처럼 자신의 목을 조여 오는 것 같았다. 갑작스런 공포감에 그는 그곳에서 도망치기 시작했다. 절벽을 따라 난 강 길을 지나 소나무 숲으로 들어간 찬성은 고개를 떨구고 가쁜 숨을 몰아쉬면서 벌벌 떨었다. 그는 두 손으로 얼굴을 감싸고 흐느꼈다. 그는 몸을 가누지도 못하고 가슴이 찢어지는 듯 울었다. 그렇게 기력이 다할 때까지 울고 또 울었다. 어린아이와 같이 흐느껴 울다가 지쳐 잠이 들었다.

아, 불쌍한 소년이여! 찬성의 마음은 온통 갈기갈기 찢어지는 것 같았다. 열다섯 어린 나이에, 그것도 한순간에 삶이 완전히 파탄에 이르렀다.

두 시간 후, 울다 지쳐 잠이 든 찬성은 사람들의 소리에 놀라 깨어났다. 이미 밤이 깊은 시각이었다. 찬성은 나무 틈새로 등불을 든 세 사람을 볼 수 있었다. 의심할 여지 없이 그들은 찬성을 찾고 있었다. 찬성은 그들이 말하는 소리를 들었다.

"맞아, 그 여자가 죽었대. 순사가 곧 이리로 올 거라네."

찬성은 그 말이 무엇을 의미하는지를 알고 있었다. 만약 발각된다면, 그들은 찬성을 평양으로 끌고 가 고문을 하다가 결국 도성 밖에서 목매달아 죽일 것이다. 이제 그가 살 수 있는 유일한 길은 도망치는 것뿐이었다.

찬성은 그 사람들이 지나가기를 기다렸다가 곧장 일어나 산을 가로질러 북쪽으로 도망쳤다. 어두워서 수없이 넘어졌지만 고군분투하면서 쉬지 않고 달린 끝에 고향인 태평동에서 20킬로미터 정도 떨어진 곳까지 도망칠 수 있었다. 찬성은 날이 밝아 환한 낮에는 수풀 속에 숨어 있었다. 그리고 도망 나온 첫날 밤처럼 둘째 날 밤에도 계속 걸어 가까스로 평양과 개천 지역 사이에 있는 큰길에 이르렀다.

찬성은 엄청나게 몰려오는 피로와 배고픔을 견디지 못하여 작은 여인숙에 들어가 식사를 주문하였다. 그런데 여인숙의 안주인이 음식을 준비하는 사이에 그만 마루에 누워 잠이 들었다. 그는 잠깐 일어나 음식을 먹고는 이내 다시 쓰러져 잠을 잤다. 때때로 잠결에 괴로운 신음을 내뱉기도 하였다. 안주인은 그의 옷이 찢어진 것을 보고 이상히 여겼다. 그러나 지혜로운 그녀는 굳이 찬성을 깨우려 들거나 캐묻지 않고, 원하는 대로 잘 수 있도록 내버려 두었다.

3
춘화의 회복

해가 서쪽 언덕 뒤로 뉘엿뉘엿 넘어가고 있었다. 촌장이 마지막 길모퉁이를 돌자 태평동 전체가 한눈에 들어왔다. 나귀가 힘찬 울음소리를 내면서 마을을 향해 나아갔다. 촌장은 여행을 빨리 끝내기 위해 나귀의 고삐를 당겨 발걸음을 재촉했다. 잠시 후 촌장은 마을로 접어들어 집 가까이에 이르렀다. 그리고 무슨 큰일이 일어났음을 깨달았다.

아들 찬성의 방 앞뜰에 동네 사람들이 잔뜩 모여 있었고, 안에서는 울음소리가 흘러나오고 있었다. 촌장은 나귀를 버려둔 채 마당 안으로 뛰어 들어가면서 소리쳤다.

"도대체 무슨 일이오? 우리 아들은 어디 있소? 무슨 일인지 빨리 말해 보시오."

모여 있던 사람들은 뒤로 물러설 뿐, 아무도 대답하지 않았다. 촌장은 큰일이 났다 싶어 얼른 방 안으로 들어가 보았다. 춘화가 방바닥에 누워 있었는데, 분명히 죽은 듯한 모습이었다.

촌장이 갑작스럽게 뛰어 들어가자 잠시 멈추었던 사람들의 울음이 더 크게 터져 나오기 시작했다. 몇 분이 흐른 후에 누군가가 촌장에게 무슨 일이 있었는지를 이야기해 주었다. 사람들은 아들 찬성과 며느리 사이에 싸움이 일어났다고 했다. 그러나 왜 싸웠는지를 아는 사람은 아무도 없는 듯했다. 싸움이 벌어지자 찬성이 쇠로 된 다리미 막대를 휘둘러 아내를 죽이고 도망쳤으며, 그가 어디로 도망쳤는지는 아무도 모른다고 말했다.

모여 있는 사람들에게서 더 이상 아무것도 알아내지 못하자, 촌장은 문 앞에 있는 사람들을 향해 돌아서서 그들에게 지시했다.

"여러분들은 모두 지금 당장 나가서 내 아들을 찾아보시오."

그러고 나서 촌장은 며느리에게 다가가 쓰러지듯 무릎을 꿇고 앉아 축 늘어진 그녀의 손을 잡았다. 그러다가 곧바로 손을 놓더니 얼른 며느리의 심장 박동을 확인했다.

"참 이상한 일이군!"

그가 놀라면서 말했다.

"이 일이 언제 일어났소? 심장이 뛰지 않는데 몸은 따뜻하다니……."

촌장은 아내를 바라보면서 물었다.

"당신이 이 아이에게 어떠한 조치를 취했소? 아직 숨이 붙어 있는 것 같소."

촌장의 아내가 대답했다.

"아니요. 이 방법, 저 방법 다 써 보았어요. 의사를 불러 가장 극한 처방도 써 보고, 대나무 대롱으로 눈과 입과 코에 바람도 불어넣어 봤는걸요. 그렇지만 아무 소용이 없었어요. 며느리는 죽었어요."

죽었다는 말에 사람들 사이에서 또다시 흐느낌이 일기 시작했다.

그러나 촌장은 가망이 없다는 말을 믿지 않았다. 그는 며느리가 소생할 수 있다고 믿었다. 한 촌장의 이런 강인한 면모가 그를 이 마을의 지도자로 만든 것이기도 했다.

촌장은 화덕에서 뜨거운 돌을 가져오라고 시켰다. 그리고 그것을 며느리의 발 위에 올려놓은 뒤 며느리의 몸을 담요로 따뜻하게 감싸고, 상처 난 얼굴을 차가운 물로 씻기 시작했다. 촌장은 다시 한 번 며느리의 가슴에 손을 대고 심장이 뛰는지를 확인해 보았다. 불규칙하고 약한 심장 박동이 느껴지는 듯했다. 혹시 자신의 손에서 나오는 맥박이 아닌가 하는 의심이 들기도 했지만, 그렇지 않을 수도 있었다. 촌장은 다시금 용기를 내 며느리의 얼굴을 흔들면서 춘화를 깨웠다.

"애야, 일어나 보거라! 애야, 일어나 봐!"

문 밖의 울음소리가 멈추었다. 사람들은 숨을 죽인 채, 촌장이 며느리의 생명을 되돌아오게 하는지 지켜보았.

그때 갑자기 문 쪽에서 소란이 일어났다. 어떤 사람이 뛰어 들어오면서 소리쳤다.

"순사입니다. 순사예요! 언덕을 넘어서 이리로 달려오고 있어요! 이리로 오고 있다고요!"

순식간에 마당에 있던 사람들이 흩어졌다. 이윽고 멀리서 달려오는 군홧발 소리가 들려왔다.

마을 사람들은 예전에 법이 얼마나 가혹한지를 경험했다. 그들은 순사가 누구든 잡아갈 수 있으며, 그렇게 체포되면 여자든 어린아이든 상관없이 무차별하게 매질을 당한다는 것을 알고 있었다. 게다가 순사들은 마을에서 일어나는 모든 범죄에 대해 마을 전체에 책임을 묻곤 했다. 특히 살인 같은 경우, 순사들은 그것을 빌미로 마을의 재력가들을 잡곤 했다. 순사들은 마을의 유지들을 잡아다가 자신들이 요구하는 대로 금전적인 욕심을 채워 주기 전까지 마을 사람들을 채찍질했다. 그래서 촌장 집에 모여 있던 마을 사람들은 당연히 도망칠 수밖에 없었다.

촌장 한 씨와 그의 아내 송 씨가 남았고, 수족이 불편하여 서둘러 도망치지 못한 어느 할머니는 "아이고, 이제 나는 죽었네. 나는 죽었어" 하면서 울음을 터트렸다. 그리고 문 밖에 또 한 명, 촌장의 충성스런 하인인 박 씨가 남아 있었다. 박 씨가 촌장에게 다가가 말했다.

"주인 어른, 마님과 함께 이곳을 떠나십시오. 제가 며느님 옆에 있겠습니다."

그러나 촌장은 단호히 말했다.

"아니다. 순사들은 나를 잡아가지 못해. 어찌되었든 며느리의 목숨은 돌아올 게야. 나는 며느리 곁을 떠나지 않을 것이다."

"그렇다면 저도 떠나지 않겠습니다."

박 씨는 이렇게 말하고는 문을 지키고 서 있었다.

이제는 아무런 울음소리도 들리지 않았다. 얼마 지나지 않아 순사들이 들이닥치더니, 미처 도망가지 못한 사람들을 잡기 시작했다. 푸른 제복을 입은 험상궂은 순사 두 명은 칼을 빼 들고 뜰로 들어왔다. 박 씨는 마지막까지 충성스럽게 그들이 방으로 들어가지 못하도록 막아섰지만, 결국 그들 손에 쓰러지고 말았다.

한 촌장은 벌떡 일어나 순사들을 향해 소리쳤다.

"뒤로 물러서시오! 당신들은 여기에 한 발짝도 들어올 수 없소. 나는 이 마을의 촌장 한찬호요. 내게 손대면 다들 책임을 면치 못할 것이오. 이 아이는 죽은 것이 아니라 잠시 기절한 것뿐이오."

한 씨는 더 이상 말하지 않고 돌아앉아 다시 춘화의 손을 주무르기 시작했다.

순사들은 멈칫했다. 모든 사람이 그러하듯이, 그들도 촌장의 고결한 위엄과 힘을 느끼고 있었다. 또한 순사들은 촌장에게 높은 관직에 있는 친구들이 많다는 것도 알고 있었다. 그들은 잠시 물러나 밖에 있는 순사들과 의논하였다. 마침내 두 사람만 남아서 지키기로 결정했고, 나머지 순사들은 용의자들을 잡아 경찰서로 넘기고 한찬호에 대해 별도의 지시를 받기 위해 서둘러 돌아갔다.

한 촌장은 며느리를 깨우기 위해 더욱 힘을 쏟았다. 이러한 노력 덕분인지 이윽고 춘화의 입술에서 나지막한 신음 소리가 흘러나왔다.

"살았다!"

촌장은 크게 외쳤다. 그러고는 얼른 후춧가루를 한 움큼 가져다가 며느리의 콧속에 털어 넣고서 힘껏 바람을 불어넣었다. 그러자 그녀의 몸 전체가 가볍게 떨리더니 얼굴에 핏기가 돌아오면서 콜록거리기 시작했다. 그녀는 재채기를 하더니, 마치 당황한 어린아이처럼 눈을 크게 뜨고서 물었다.

"아버님? 무슨 일인가요?"

춘화가 일어나려고 애쓰자 촌장이 이를 말렸다.

"아니다. 춘화야, 그냥 누워 있거라. 너는 머리를 다쳤단다. 자, 지금은 좀 자거라. 내일 아침이면 괜찮을 게다."

춘화는 엷게 미소를 짓고는 촌장이 하라는 대로 누워 곧바로 잠이 들었다. 그녀의 숨결이 자연스러워졌다. 한 촌장은 며느리의 손을 계속 붙잡고 있었다.

잠시 후, 한 촌장은 자고 있는 며느리가 깨지 않도록 조심스럽게 일어나 안방으로 들어가 금고를 열었다. 그는 참으로 지혜로운 사람이었다. 그는 정원을 지나 문 앞을 지키고 있는 두 순사에게로 다가가 은전 다섯 냥씩을 주면서 말했다.

"며느리가 의식을 찾았소. 자, 보시오. 더 이상 문제는 없을 것이오. 그리고 이것은 임관식 경찰서장에게 드리는 선물이오. 서장에게 내 안부를 전하고, 용의자로 잡은 사람들을 풀어 주었으면 한다고 말해 주시오."

4
타향살이

찬성은 잠에서 깨어났다. 몸과 머리가 쑤셨다. 그는 한동안 자신이 지금 어디에 있는지를 도통 알 수가 없었다. 이 이상한 방은 어디이며 자기가 어떻게 여기에 왔는지, 부엌에서 일하는 할머니는 또 누구인지 도무지 생각나지를 않았다. 그러다가 점점 기억이 어렴풋이 되살아나기 시작했다. 어둠 속에서 피곤한 몸을 이끌고 기나긴 길을 걷다가 넘어진 것이 생각났다. 그런데 왜 여기에 와 있는가?

그때 절벽 바로 옆에서 들었던 목소리가 떠올랐다. 등불을 들고 있던 세 사람이 그의 귀에 대고 소리치는 것처럼, "그 여자가 죽었대. 순사가 곧 이리로 온다네" 하는 말이 귓가에 맴돌았다.

이제 찬성은 분명하게 기억할 수 있었다. 춘화와 싸우다가 춘화가 저항하자 자신이 다리미용 쇠막대기로 그녀를 때린 것, 그리고 춘화가 바로 자신의 발아래 쓰러져 붉은 피를 철철 흘리던 것들이 그의 뇌리에 줄줄이 떠올랐다.

그의 앞이마에 식은땀이 송글송글 맺혔다. 왜 여기서 지체하고 있는가? 순사가 언제 들이닥쳐 그를 잡아갈지 알 수 없었다. 찬성은 자기가 가진 것들을 모두 꺼내 보았다. 그러고는 일어나 밥값을 지불하고, 곧 큰길로 나가 다시 걷기 시작했다.

북쪽으로 계속 걸어가 해가 지기 전에 북강을 건넜다. 주머니에 남아 있는 돈의 절반을 뱃삯으로 지불하였다. 그날 밤에는 무천대에 있는 여인숙에서 잠을 잤다.

처음에 그는 멀리서 이 도시를 바라보면서 마을에 불이 났다고 생각했다. 마을이 있는 언덕 옆에서 대낮같이 밝은 빛이 활활 타올랐기 때문이다. 그러나 점점 더 가까이 다가가면서, 그는 그것이 언덕 맞은편에 있는 큰 용광로에서 나오는 빛이라는 것을 알았다.

용광로 뒤에서는 스무 명의 남자들이 번갈아 가면서 널빤지 위로 뛰어올라 내리누르기를 반복하고 있었다. 그들은 그렇게 풀무질을 계속하면서 노래를 불렀다. 널빤지가 삐거덕거리면서 공기를 불어넣을 때마다 용광로의 불길이 6미터나 치솟았다. 그 아래에는 숯검정으로 범벅이 된 남자들이 흙으로 된 거푸집과 용광로 사이를 비틀거리면서 오갔다. 뜨겁게 녹은 쇳물을 그릇에 담아 거푸집에 부어 넣는 기술이 놀라웠다. 그 모양에 따라 쇠 주전자들이 멋지게 만들어지고 있었다.

찬성은 한쪽 구석에 서서 쇠 주전자 만드는 사람들을 한참 동안 바라보았다. 그는 이런 광경을 한 번도 본 적이 없었다. 그는 활활 타오르는 불꽃과 백열을 내면서 분출하는 쇳물에 매혹되었다. 찬성은 불꽃을 바라보면서 잠시나마 근심을 잊을 수 있었다. 이상하게도 그는 불꽃 속에서 평안함을 느꼈다.

그 후에 찾은 여인숙도 매우 시끄럽고 법석거렸지만, 그는 편안함을 느꼈다. 아무도 그를 알아보지 못했다. 더욱이 쌀밥도 먹을 수 있고 잠도 잘 수 있는 장소를 찾은 것이 기쁘기만 했다.

여인숙은 아침 해가 떠오르기 한참 전부터 떠들썩하게 움직이기 시작했다. 찬성은 몸이 너무나 쑤시고 굳어져서 일어나기가 힘들었다. 그는 잠시 누워서 길을 떠나려고 채비하는 사람들을 바라보았다. 그들은 아직 어두운 바깥에서 말들에게 먹이를 주고 있었다. 이윽고 여인숙 주인이 아침 식사가 준비되었다고 알렸다. 찬성은 일어나 바깥 마당에서 간단히 세수를 했다. 그리고 맛있게 아침 식사를 했다. 마침 그의 주머니에는 아침 식사 값을 지불할 돈만이 남아 있었다. 그다음 목적지를 어디로 정해야 할지 알 수 없었다.

살면서 깨닫게 되는 신기한 것들 중 하나는, 인간이 변화하는 환경에 신속하게 적응한다는 것이다. 어느새 찬성은 무천대에서 평안하게 앉아 아침밥을 먹을 수 있게 되었다. 공포에 질려 태평동에서 도망쳐 나온 소년의 모습은 보이지 않았다. 지난밤에 두려움의 짐을 벗어 버린 것 같았다. 혹시 용광로에서 솟아오르는 불길의 힘 때문이었을까? 아무튼 분명한 것은,

그가 빈 주머니와 이전보다 가벼워진 마음으로 다시금 길을 걷기 시작했다는 것이다.

용광로의 널빤지를 밟는 사람들은 계속 노래를 부르고 있었다. 분명히 어제와는 다른 사람들이었지만 같은 노래를 부르고 있었다. 얼굴이 검어진 일꾼들은 여전히 허둥대면서 뜨거운 쇳물을 가지고 용광로와 거푸집 사이를 오가고 있었다. 사람들이 널빤지에 오르락내리락하면서 부르는 노래에 맞추어 용광로의 입구에서 불꽃이 솟아올랐다. 그러나 지난밤에 본 생생한 모습은 없었다. 이른 아침의 햇살에 용광로의 불꽃이 시들었고, 시야에 들어온 초록 색조가 신비한 모습으로 비추어졌다.

찬성이 집에서 도망쳐 나올 때는 아무런 계획도 없었다. 그저 북쪽으로 나아가 가능한 한 태평동에서 멀어지려는 생각뿐이었다. 그러나 이제 그의 마음에 목표가 생겨났다.

여러 해 전에 덕천에서 오신 선생님이 쌀과 보리 대신에 옥수수와 귀리를 심는 높은 산 위의 땅과 호랑이가 사는 울창한 소나무 산, 짚이나 기와 대신에 나무로 지붕을 만들어 얹는 고장에 대해 이야기하셨던 것이 기억났다.

찬성은 여인숙에서 덕천이 얼마나 떨어져 있는지를 물었다. 여인숙 주인은 덕천으로 가는 길목인 알일령이라는 먼 산을 가리키면서 말했다.

"개천 지역으로 가는 큰길을 따라가면 50킬로미터 정도 되고, 산을 넘어가는 지름길을 따라가면 33킬로미터 정도 됩니다."

찬성은 지혜롭게 큰길을 택하여 출발했다. 발이 온통 쑤시고 저렸지만,

견딜 수 있는 한 빨리 걸었다. 아침부터 따라가던 강이 점점 개울처럼 작은 물줄기가 될 때까지 걷고 또 걸었다. 그 강을 지나고 또 지나도 길은 끊임없이 이어져 있었다.

5
친구를 만난 찬성

 정오가 되자, 찬성은 피곤하고 배가 고파서 조그마한 마을의 깊은 연못 곁에서 잠시 쉬었다. 이 마을에서 시작된 산길이 곧장 위쪽으로 뻗어 올라가고 있었다. 눈을 드니, 구불구불한 산길과 수풀 옆으로 층층이 쌓인 바위들이 보였다.
 "어떻게 저기로 올라가지?"
 피곤에 지친 찬성은 높은 산길을 바라보면서 스스로에게 탄식하듯 외쳤다.
 "먹을 것이 조금이라도 있으면 좋을 텐데……."
 그때 연못 깊은 데서 어떤 대답이 확실히 들려오는 듯했다.
 "자, 자, 그렇게 나쁘지는 않아!"
 찬성은 너무 놀라 하마터면 연못에 빠질 뻔했다. 주위를 두리번거렸지만 아무도 보이지 않았다. 그런데 절벽 끝을 쳐다보니, 처마 같은 바위 밑에 수염이 희끗희끗한 노인이 있었다. 그 노인은 놀라는 찬성을 보고 웃으면서 찬성을 불렀다.

"자네, 이리로 와 보게나. 아니, 아니! 그 길로 오지 말고, 바위 밑에 있는 길로 오게나."

그 노인의 부드러운 음성은 외로운 소년의 마음에 향유와도 같았다. 곧이어 그는 노인이 있는 쪽으로 다가갔다. 거기에는 바위가 처마처럼 이어져 있었다.

연못 둑 위에는 가느다란 막대기가 하나 있었고, 그 막대기 끝에 달린 찌가 물 위에 떠 있었다. 한편에는 조그마한 숯불이 있었고, 노인은 숯불에 생선을 굽고 있었다. 배가 고플 대로 고팠던 찬성은 생존의 욕구 탓에 생선에서 눈을 뗄 수가 없었다.

노인은 부드럽게 싱긋이 웃었다. 찬성을 바라보면서 무언가를 판단하는 눈초리였다.

"자, 나 좀 보게나! 도망하고 있는 것이 확실하군. 두말할 필요가 없어!"

얼굴이 빨개지는 소년을 바라보면서 노인은 이렇게 말했다.

"그러나 이보게, 신경 쓰지 말게. 자네는 지금 배가 고프지? 나중에 이야기하기로 하고, 일단 개울에 가서 얼굴을 씻고 상 차리는 것을 도와주게나. 보다시피 오늘 예상치 못한 손님을 맞았으니, 한 접시를 더 만들어야겠네."

노인은 웃으면서, 구운 생선을 두 조각으로 나누어 얄팍한 돌을 접시 삼아 올려놓았다. 그러고 나서 조그마한 바구니에서 쌀밥을 한 그릇 꺼내 가운데 놓았다. 노인은 눈을 반짝이면서 말했다.

"자네도 먹고 떠날 생각이라면, 우리는 같은 그릇을 써야 하네."

찬성은 이 빈약한 밥상을 사이에 두고 노인의 맞은편에 자리를 잡았다.

"저는 지금 배가 너무 고파서 뭐라도 먹을 수 있습니다. 그러나 어떻게 제가 어르신의 음식을 먹겠습니까?"

노인은 껄껄 웃었다.

"걱정 마시게, 젊은이. 이 정도 음식이면 우리 둘에게 충분하네. 밥을 같이 먹는 게 친구가 되는 좋은 방법이라네. 게다가 다행히도 내가 오늘 이 송어를 낚지 않았겠나? 만약 자네가 오지 않았더라면 혼자 먹다가 탈이 났을 걸세."

찬성은 더는 거절할 수 없었다. 그는 웃으면서 고맙다고 인사하고 노인의 말에 따랐다. 두 사람은 배가 몹시 고팠기 때문에 아무 말도 하지 않고 그저 먹기만 했다.

"고맙습니다. 제가 지금까지 살면서 먹은 음식 중에서 최고였습니다. 정말 고맙습니다. 이 말씀밖에 더 드릴 말씀이 없습니다."

찬성이 말했다.

"됐네, 됐어. 더는 말하지 말게. 이제 우리가 함께 식사도 했으니 서로 알고 지내세. 나는 예양목이라고 하네. 자네 이름은 무엇인가?"

찬성은 잠시 주저했다. 이 낯선 사람에게 자신의 이름을 밝히는 것이 과연 안전할까? 그는 이미 여인숙에서도 거짓 이름을 사용했다. 그러나 자신을 이렇게 친절하게 대해 주는 사람을 속일 수는 없었다.

"저는 한찬성입니다. 강동군 태평동에 살고 있습니다."

"그렇군. 그런데 어디로 가는 길인가?"

그 질문에 찬성이 당황하자, 노인이 그것을 눈치채고서 말했다.

"이 사람, 신경 쓸 것 없네. 어디로 가는지 말하기 싫으면 대답하지 않아도 돼. 그러나 자네에게 분명히 문제가 있는 것 같은데, 나 같은 늙은이라도 자네를 도울 수 있다면 기꺼이 도와주겠네."

노인의 말에 찬성의 입술이 떨리더니 눈물이 왈칵 쏟아졌다. 잔뜩 긴장해 있던 그의 마음이 예상치 않은 친절에 녹아내렸다. 찬성은 잠깐 아무 말도 할 수 없었다. 잠시 후 그가 대답했다.

"어르신! 잃어버린 영혼을 돌보는 영이 있다면, 그 영이 저를 오늘 여기까지 인도한 것이 틀림없습니다. 솔직히 저는 지금 큰 곤경에 처해 있습니다. 사흘 전만 하더라도 저는 아버지의 집에서 아무 염려 없이 행복하게 지내고 있었습니다. 혹시 어르신은 무당이 사람들을 어떻게 속이는지 아시는지요?"

노인은 고개를 끄덕였다.

"한 무리의 무당들이 우리 마을에 왔습니다. 그러자 지난 봄에 결혼한 제 아내가 무당들이 춤추는 것을 보러 가겠다고 하였습니다. 그것을 말리다가 저와 아내가 싸우게 되었지요. 그런데 아내가 저를 무시하고 도망치려고 했습니다. 그 순간 저는 이성을 잃고 쇠로 된 다리미 막대기로 아내를 후려쳤고, 그녀는 피를 흘리면서 제 발 앞에 쓰러졌습니다. 처음에는 도저히 정신을 차릴 수가 없어서 무슨 일이 일어났는지도 알지 못했습니다. 그런데 많은 사람들이 몰려오더니 아내가 죽었다고 말하면서 울더군요. 저는 갑자기 너무 무서워져서 산으로 도망쳤습니다. 그리고 밤이 될 때까지 거기에 숨어 있었습니다. 그때 어떤 사람들이 등불을 들고 지나가면서 제 아내 춘화가 죽었으며 순사들이 온다고 말했습니다. 그래서 저는 이렇게 도망쳤습니다."

찬성은 울부짖었다.

"아, 어르신, 이미 저는 여러 번 죽었습니다. 아, 아버지! 아버지! 이 일로 아버지께서 돌아가실 것입니다."

찬성은 자신을 주체하지 못하여 얼굴을 땅바닥에 대고는 마치 무덤 앞에서 통곡하듯이 울었다.

노인은 한참 동안 말없이 소년의 머리를 가만히 쓰다듬어 주었다. 노인은 그가 계속 울도록 놔두었다. 노인은 가슴이 아플 때는 우는 것이 최고의 약임을 알고 있었다. 노인은 이 낯선 소년에게 몹시 마음이 끌렸다. 모든 것을 이해할 수 있다고 말하는 듯한 눈빛으로 찬성을 바라보는 노인의 얼굴에는 슬픔이 서려 있었다.

노인에게는 하나뿐인 아들이 있었는데, 여러 해 전에 그가 죽고 말았다. 그런데 찬성을 보니, 노인은 자신의 아들이 다시 살아 돌아온 것만 같았다. 노인은 찬성의 머리를 쓰다듬으면서 깊고도 차분한 목소리로 다시 말을 꺼냈다.

"됐네, 됐어. 이제 그만 울게. 정말 무서운 일이구먼. 그러나 자네가 일부러 저지른 일이 아니지 않은가? 자, 늦었네. 이제 가세나!"

흐느끼던 찬성이 얼른 되물었다.

"그런데 어디로 가지요? 저는 태평동으로 돌아갈 수 없습니다."

예 노인은 말했다.

"나도 자네가 집으로 돌아갈 수 없다는 사실이 안타깝고 걱정스럽네만, 분명히 아직은 돌아갈 때가 아닌 것 같네. 이 산길의 반대편에 있는 수내라는 곳에 우리 집이 있다네. 오늘은 나와 함께 우리 집으로 가고, 앞으로의 일에 대해서는 내일 이야기하세나. 연못에서 얼굴을 씻고 어서 가세."

노인은 일어나 빈 그릇을 바구니에 담고 연못에서 낚싯대를 거두고는 찬성을 기다렸다. 그리고 두 사람은 조용히 함께 길을 가기 시작했다.

천천히 언덕을 넘고 또 넘었다. 찬성의 다리는 점점 납덩이처럼 무거워졌고, 숨도 거칠어졌다. 몸을 가누기가 힘들 정도였다.

예 노인은 잠시 멈추고는 웃으면서 말했다.

"우리 여기서 잠시 쉬었다 가세. 우리 같은 고지대 사람들은 자네가 살던 지역 사람들보다 더 강하다네. 자네 같은 낮은 지대 사람들은 이런 산길에 약하지."

찬성이 숨을 헐떡이면서 말했다.

"저는 괜찮습니다. 저도 웬만한 산길에서는 뛸 수 있을 만큼 튼튼한데, 이 산비탈은 정말 험한 것 같습니다. 아휴, 만일 여기에서 미끄러지면 어디로 떨어집니까?"

"예전에 짐 실은 나귀가 산비탈에서 굴러 저 아래로 떨어지는 걸 본 적이 있네만……."

찬성은 현기증이 날 정도로 가파른 산비탈에서 검부나무를 거두는 자들에게 관심이 쏠렸다. 그들은 산 왼편 높은 곳에서 선창자의 노래에 맞추어 함께 노래하면서 짧고 날카로운 낫으로 계속 나무를 베고 있었다.

"에헤야! 나세로다! 에헤야!"

"어라! 베어라! 어라!"

나무 베는 사람들은 검부나무를 베어 묶는 자들에게 가져다주었고, 묶는 자들은 벤 나무들을 한 사람이 충분히 나를 만한 양으로 나누어, 포도덩굴과 새끼줄로 나뭇단 가운데를 재빠르게 묶었다.

"다 됐다."

"내려간다."

나뭇단이 산비탈로 굴러 내려가기 시작했다. 구르고 튀어 오르면서 낙엽들을 헤치고 내려가자, 꿩들이 까까깡 소리를 지르면서 공중으로 날아올랐다. 그 나뭇단은 제 길을 발견한 듯 신 나게 아래로 굴러 내려갔고, 마침내 다른 나뭇단들이 줄지어 있는 산기슭에 가볍게 도착했다.

잠시 휴식을 취한 찬성과 노인은 다시 걷기 시작했다. 여러 번 멈추어 숨을 고른 뒤에야 마침내 정상에 이르렀다. 개천과 안주 지역이 눈앞에 나타났고, 뒤로는 바닷가가 펼쳐졌으며, 앞으로는 수많은 산들이 보였다.

또한 찬성은 처음 본 덕천의 모습도 결코 잊을 수 없었다. 그 앞의 골짜기에는 석양의 그림자가 드리워 어둠이 깃들어 있었다. 사방으로 눈을 돌리자 산들이 무리 지어 있었다. 산의 정상들은 모자를 쓴 것 같았고, 산맥들은 마치 배의 높은 기둥 위에서 내려다보는, 바람에 굽이치는 파도와 같았다.

예 노인이 말했다.

"저쪽을 보게. 저 산기슭에 수내라는 마을이 있네. 서둘러야겠어. 이제 곧 밤이 올 거야."

내려가는 길에 두 사람은 거의 말을 하지 않았다. 산기슭에 이르러서야 여인숙 앞에 멈추어 잠시 쉬었다. 모두가 예 노인을 알아보았다.

"이 젊은이는 누굽니까?"

여인숙 주인이 물었다.

"이 아이는 예찬성이라고, 내 친척이외다."

졸지에 한찬성의 이름이 예찬성으로 바뀌었다. 그 당시에 찬성은 깨닫지 못했지만, 사실 예 노인은 찬성을 양자로 받아들였던 것이다.

찬성과 예 노인이 작은 마을인 수내로 들어가는 큰길에 이르기 전에 이미 날이 어두워지고 있었다.

"저기 버드나무 옆에 집이 한 채 보이지? 그 집이 바로 우리 집이라네. 집 뒤에는 샘이 있지. 수내라는 이름은 자네도 알다시피 '물 아래'라는 뜻이네. 내일 아침에는 샘을 볼 수 있을 게야."

두 사람은 문 앞에서 머리가 희끗한 할머니를 만났다. 예 노인의 아내 양 씨였다. 예 노인은 아내에게 자신들이 피곤하고 배고프니 얼른 저녁을 지어 달라고 하였다.

찬성은 신발을 벗었다. 발이 잔뜩 부어 있었다. 그는 방으로 들어가 따뜻한 방에서 몸을 녹였다. 한편 예 노인은 부엌에 들어가 아내에게 어떻게 이 소년을 만났는지 자초지종을 설명하기 시작했다. 그리고 자신이 무척이나 찬성을 도와주고 돌봐 주고 싶다고 이야기했다.

6
선생이 된 찬성

이튿날 아침, 찬성이 눈을 뜨자 이미 해가 중천에 떠 있었다. 예 노인과 양 씨는 벌써 일어나 일을 하고 있었으나, 손님인 찬성을 깨우지 않으려고 조용히 움직이고 있었다.

찬성이 움직이는 것을 보고 양 씨가 다가와 인사했다.

"지난밤에 잘 쉬었소? 고생이 많았나 보오. 아주 피곤해 보이던데."

찬성은 너무나 친절한 양 씨의 얼굴을 바라보면서 수내에서 진정한 친구를 한 명 더 만났다는 것을 깨달았다.

찬성이 말했다.

"하늘이 저를 이곳으로 이끌어 주신 것이 틀림없습니다. 저는 정말 무서운 죄를 저지른 사람입니다. 저에게는 어르신께 이런 친절을 받을 만한 자격이 없습니다."

"아니네, 아니야. 그렇게 말하지 말게. 모든 일이 어떻게든 좋게 해결될 거야. 자, 이리 오게나. 아침 식사를 준비했네. 바깥양반은 아랫마을에 가셨으니, 원한다면 먼저 아침을 먹게나."

찬성이 아침을 먹고 난 후에도 예 노인은 돌아오지 않았다. 그래서 찬성은 샘을 구경하기 위해 밖으로 나갔다.

집에서 70미터 가량 떨어진 곳에 깨끗한 개울이 흐르고 있었다. 개울은 폭이 3미터 정도 되었고, 깊이는 발목이 잠기는 정도였다. 절벽 밑으로 난 틈에서부터 물이 흘러 생긴 개울이었다. 개울에서 갈라진 물줄기 하나가 방앗간으로 흘러 들어가 큰 물통으로 이어졌다. 그 물통에 물이 가득 차면 물이 쏟아지면서 물레방아를 돌리고 못으로 흘러갔다. 그 순간 갑자기 큰 나무 기둥이 절구통을 내리쳤다. 찬성은 잠시 나무 기둥이 오르락내리락하는 것을 구경하였다. 그가 살던 남쪽 지방에서는 이런 방앗간을 본 적이 없었다.

찬성은 구경하는 데 너무 열중한 나머지 예 노인이 다가오는 것도 눈치채지 못했다. 찬성의 옆으로 다가온 예 노인은 방앗간에 열중해 있는 그에게 말을 걸었다.

"지난밤에는 잘 잤는가?"

"예, 잘 잤습니다. 이곳이 너무 아름다워서 한참 동안이나 멈추어 넋을 잃고 구경했습니다. 제가 갚지 못할 신세를 많이 졌습니다. 이제 가 봐야 할 것 같습니다."

"어디로 갈 생각인가? 이렇게 서둘러 갈 작정인가?"

찬성은 주저하면서 대답했다.

"저, 덕천까지는 얼마나 멉니까? 그곳으로 가는 것이 좋을 듯합니다."

예 노인이 대답했다.

"그곳은 여기서 멀지 않네. 8.5킬로미터 정도 떨어져 있지. 그런데 자네에게 한 가지를 제안하겠네. 여기에는 두 마을을 위한 서당이 하나 있다네. 바로 저기에 있는 서당일세. 그런데 두 달 전에 훈장이 떠난 후 지금까지 다른 선생님을 구하지 못하고 있어. 자네의 생김새나 말하는 것을 보니, 나는 자네가 충분히 서당에서 아이들을 가르칠 수 있겠구나 싶었지. 그래서 자네를 마을 서당의 선생으로 추천했네. 만일 자네가 좋다면 그 일을 맡아 주게나. 사례가 많지는 않지만, 분명히 먹고 사는 정도는 해결될 것이야. 자, 어떤가?"

찬성의 눈이 촉촉이 젖었다.

"잘 알지도 못하는 저에게 이런 호의를 베풀어 주시니……. 어떻게 고맙다는 말씀을 드려야 할지 모르겠습니다. 저도 어르신께서 제안하신 그 일을 맡고 싶습니다. 그리고 진정으로 어르신께 받은 은혜를 갚을 날이 오기를 바랍니다."

이때부터 찬성은 한찬성이 아니라 예찬성으로 알려지게 되었고, 수내에서 선생으로 자리 잡게 되었다. 그렇게 보낸 4년 동안의 세월에 대해서는 자세히 말할 필요가 없을 것 같다.

해를 거듭할수록 찬성은 그의 아버지처럼 키가 크고 어깨가 딱 벌어진 청년으로 자라 갔다. 그는 선생으로서 마을의 어린아이들을 가르치기 위해 더욱 열심히 공부했다.

　그는 소년 시절의 부드러운 미소를 그대로 간직하고 있었다. 그는 용모가 준수했으며, 깨끗하고 단정한 학자의 인상을 지닌 사려 깊은 선생이었다. 그러나 그의 얼굴과 눈에는 단순히 친절한 학자 같아 보이는 것 이상의 무언가가 있었다. 그의 얼굴에는 깊은 슬픔이 서려 있었으나, 동시에 그러한 고통 속에서 인내하며 견디는 모습이 비쳤다.

　비록 찬성은 시간을 대부분 서당에서 보냈지만, 결코 선생으로만 지내지는 않았다. 그는 자연을 사랑했으며, 서당 일이 끝나고 나면 방앗간이나 밭에서 예 노인을 도왔다.

　뒷산에는 꿩들이 아주 많았다. 찬성은 일찍이 예 노인의 오래된 엽총으로 새 잡는 기술을 배웠다. 엽총 쏘는 일은 사냥꾼처럼 고도의 기술을 요구했다. 언젠가 살쾡이가 농부들의 개와 송아지를 공격하여 소란이 일어난 적이 있었다. 그때 찬성은 예 노인과 다른 네 사람과 함께 산으로 올라가 기다리고 있다가 총알 한 방으로 이 무서운 야수를 잡았다.

　온 마을 사람들이 찬성 덕분에 큰 혜택을 누린 일도 있었다. 찬성은 처음부터 샘에 관심이 많았다. 이 샘은 여름과 겨울에 많은 물을 흘려보냈다. 샘에서 많은 물이 흘러나오는 것을 보고 찬성은 깜짝 놀랐다. 그는 그 물이 예 노인의 방앗간으로 흘러가는 것 외에 다르게는 사용되지 못하는 것이 안타까웠다. '만일 이 물을 마을 너머에 있는 밭으로 흘려보낼 수 있다면 정말 큰 복일 텐데' 하는 생각이 들었다.

그런데 밭들이 샘보다 조금 더 높은 곳에 있다는 것이 문제였다. 그래서 이렇게 귀한 물들이 저장되지 않은 채 아래 강물과 합쳐져 흘러가 버렸다. 만약 샘 주위에 둑을 쌓는다면, 그 수원지의 물의 높이가 높아지지 않을까? 예 노인과 마을 사람들은 찬성의 생각을 듣고서도 그저 웃어넘길 뿐이었다.

"만약 그런 일이 가능했더라면 왜 진작에 하지 않았겠는가?"

그러나 찬성은 누군가가 먼저 시작해야 한다고 주장했다. 예 노인은 그렇게 할 경우 방앗간이 무너질 것이라고 하면서 반대했다. 그러자 찬성이 말했다.

"방앗간이 무너진다고요? 절대 그렇지 않습니다. 오히려 물의 높이가 높아지면 방앗간의 힘이 배가 될 것입니다."

결국 예 노인은 찬성의 의견을 받아들였고, 실험적인 도전을 허락했다.

찬성의 계획에 온 마을 사람들이 흥분했다. 그것을 정말 그럴싸하게 여기는 이도 있었으나, 대부분의 사람들은 그의 생각을 비웃었다. 그런데도 마을 사람들의 모임에서 모두가 이 일을 돕기로 결정했다.

아침부터 마을이 온통 시끄러웠다. 일을 시작하며, 어디에 둑을 쌓아야 할지를 열띠게 의논했다. 그날 이 마을에서는 동양의 어느 마을에서도 볼 수 없었던 민주주의가 나타났다. 누구든지 자기의 의견을 말할 수 있었고, 또한 일정한 한도 안에서만 그 권리를 사용했다.

모두가 다 의견을 말한 후에 찬성이 자신의 계획을 설명했다. 결국 찬성의 계획이 채택되었고, 일이 시작되었다. 가장 높이 있는 밭에서부터 샘까지 일직선상에 3미터 간격으로 둑을 두 개 세워야 했다. 우선 사람들을 여러 조로 나누었다. 여섯 명이 한 조를 이루었고, 조별로 두 개의 삽이 지급되었다. 세 명당 삽이 하나라니, 동양인을 잘 모르는 서양인들에게는 우습게 보일지도 모른다.

'이 방법은 너무 느린 것 같아!'

찬성은 삽으로 작업하는 것이 더딘 것을 보고는 생각을 바꾸었다. 찬성은 삽의 양쪽에 단단히 줄을 묶어 그 줄을 당겨 삽을 끌어올릴 수 있도록 만들었다. 그러고는 각 조에서 줄을 끌어당겨 삽을 올릴 힘센 두 사람을 양쪽에 세웠다.

"준비됐습니까?"

사람들은 삽을 땅속 깊이 찔러 넣었다.

"이야!"

그리고 발로 한 번 더 삽을 눌렀다.

"아악!"

그러고는 양쪽에서 줄을 세게 당겨 깊이 들어간 삽이 땅속의 흙을 최대한 많이 퍼 올리도록 했다. 상당한 흙이 들어 올려져 6미터 정도 떨어진 곳으로 날아갔다.

"이야, 아악! 차차 아악!"

마치 학생들의 응원 소리 같았다.

오후 3시쯤 되자 샘에서 6미터 정도만 남겨 놓고 수로가 거의 완성되었다. 다들 막바지 작업을 위해 더욱 힘을 모았다.

물은 얼음같이 차가웠다. 그러나 그것은 문제 되지 않았다. 무릎까지 잠기는 개울에 들어가 바닥에서 진흙과 모래를 퍼 올렸다. 개울가에서는 돌들과 나뭇가지들을 건져 냈다. 다들 말할 겨를도 없이 열심히 일하여 개울과 새로운 수로를 연결하였다. 물이 천천히 흐르기 시작했다. 처음에는 낮게 흐르더니 점점 세차게, 성난 것처럼 물이 흘러들었다.

바닥에 점점 물이 차올라 서서히 샘물 높이까지 높아지더니, 어느 순간 차오르기를 멈추었다. 마을 사람들은 숨을 죽인 채 이 광경을 지켜보았다. 1분, 5분, 10분……. 시간이 흐르는데도 수면은 더 이상 높아지지 않았다. 둑에 대해 비관적이었던 사람들이 "거봐, 안 될 거라고 이야기했잖아"라고 말하기 시작했다.

그런데 잠시 후 다시 조금씩 물이 차오르기 시작했다. 길고 마른 새로운 도랑에 예상했던 것보다 더 빨리 물이 흘러들었다. 천천히 조금씩, 그리고 끊임없이 물이 차오르면서 마른 땅이 충분히 젖어 들어갔다.

"좋다, 좋다! 됐소! 됐소!"

사람들은 다 함께 삽을 들고 탄성을 질렀다. 그들은 물줄기를 따라 내려가면서 물줄기가 차올라 논밭으로 흘러 들어가기 시작하는 모습을 바라보았다.

참으로 모두에게 물이 꼭 필요할 시기였다. 이 20미터 가량의 도랑을 만들기 전까지, 그들은 물이 있는 데서부터 산등성이까지 물을 대느라 전쟁을 치렀다. 그러나 이제 마을 사람들은 힘을 합쳐 열심히 둑을 만들어 쉽게 물을 댈 수 있는 수로를 완성하였다. 아직까지는 이 정도 양의 물이면 충분했다. 해가 알일령 뒤로 넘어가면서 수로의 흙탕물은 황금색으로 변했다. 이 황금색 물결이 이제 곧 수내가 황금 추수를 맞이하는 좋은 시절을 보게 되리라고 예언하는 것만 같았다.

7
위로받은 춘화

  찬성이 태평동에서 사라진 후 며칠 동안 모든 사람들이 한 촌장의 집을, 특히 나이 어린 며느리를 걱정하였다. 한찬호는 아들이 없어진 것에 대해 며느리에게 책임을 묻지 않았다. 오히려 그녀를 극진히 보살펴 주었다.
  그러나 여러 날이 지나도록 찬성에게서는 아무 소식도 없었으며, 춘화의 슬픔은 많은 이들의 동정심을 자아냈다. 춘화는 식음을 전폐하고 슬퍼했다. 촌장 한 씨가 나서지 않았다면 가슴이 찢어진 새처럼 죽었을지도 모를 일이다.
  어느 날, 정원에 핀 꽃들 사이에서 가슴 아프게 울고 있는 춘화에게 한 촌장이 다가왔다. 촌장은 며느리의 어깨를 감싸안고 토닥이며 말했다.
  "아가야, 그렇게 울지 말거라. 사랑하는 자녀를 둘이나 잃는다면 내가 어떻게 살겠느냐?"

춘화는 시아버지를 붙들고 한참을 울었다. 시아버지의 따뜻한 사랑이 춘화에게 큰 위로가 되었다.

"아버님, 저를 용서해 주세요. 저희가 싸운 것은 전부 제 잘못입니다. 만약 그이가 돌아오지 않는다면, 저는 살 수가 없을 겁니다."

촌장은 아주 부드럽게 대답했다.

"나도 네가 얼마나 견디기 힘든지 안단다. 그러나 우리 절망하지 말자. 나는 찬성이가 돌아올 것이라고 믿는다. 너와 내가 서로 도우면서 견디자꾸나. 너도 알다시피, 찬성이가 내일 아침부터 내 일을 돕기로 했었단다. 그 일을 네가 도와주면 좋겠구나."

"제가 할 수 있다면 하겠습니다."

춘화는 약간 당황하면서 말했다.

"그렇지만 아버님께서 아시다시피, 저는 글을 읽지 못합니다. 그저 결혼한 후에 찬성 씨가 글자를 조금 가르쳐 주었을 뿐입니다."

촌장은 양미간을 찡그렸다.

"오로지 남자아이들만 교육하는 것은 나쁜 관습이다. 만일 나에게 딸이 있었다면, 나는 그 아이도 똑같이 가르쳤을 게다."

그리고 촌장은 웃으면서 말했다.

"춘화야, 너는 내 딸이란다. 만약 네가 원한다면, 우리 함께 서당을 세워 보자꾸나. 내가 잘못 가르치는 게 아니라면, 너는 이 마을의 젊은이들 중에 가장 뛰어난 사람이 될 것이다."

곧 촌장의 교육이 시작되었다. 그때부터 춘화는 날마다 개인적으로 교육을 받았다. 처음에는 쉬운 한글을 배웠고, 나중에는 한자를 배웠다.

이렇게 춘화가 한 촌장에게 배우는 동안, 학생인 춘화와 선생인 시아버지 중 누가 더 큰 기쁨을 얻었는지를 쉽게 가늠할 수 없다. 며느리는 매우 똑똑했고, 그 잠재력도 매우 컸다.

왜 동양 사람들은 여자아이들도 남자아이와 똑같이 부모에게서 영리함을 물려받는다는 사실을 깨닫지 못하는지, 참으로 이상한 일이다. 수세기 동안 남자 중심으로 치우친 문화가 지배한 탓에 여성들은 지적인 굶주림에 시달렸다.

지식을 얻고자 하는 춘화의 열심은 지식에 굶주린 자의 열망이었다. 한국식으로 표현해 보자면, 그녀는 모든 수업을 말끔히 '소화했다.'

8
찬성의 어머니

춘화의 삶 속에 새로운 관심사가 들어왔다. 즉, 글을 배우고 지식을 습득하는 일이다. 찬성의 어머니 송 씨는 그런 것들과는 거리가 먼 삶을 살았다. 송 씨는 어릴 때부터 서당에 다닌 적이 전혀 없었다. 게다가 이제 무언가를 새롭게 시작하기에는 너무 늦은 나이가 되었다. 그녀의 생애는 집안을 돌보는 일들로 점철되었고, 찬성을 낳은 이후에는 그녀의 생각과 소망이 온통 아들에게 집중되어 있었다. 한국의 관습에 따라 사람들은 그녀를 '찬성의 어머니'로 불렀고, 그녀 역시 그렇게 불리는 것을 영광스럽게 여겼다.

한 번도 강하고 독하게 지낸 적이 없었던 찬성의 어머니는 아들이 사라진 충격으로 정신이 완전히 나가 버렸다. 여러 달 동안 그녀는 태평동 주위의 여러 사당들을 두루 찾아다니는 것 외에 아무것도 하지 않았다. 심지어 멀리 떨어져 있는 사당까지 찾아가 쌀과 돼지고기를 바치면서 귀신들에게 아들이 돌아오게 해 달라고 치성을 드렸다.

한찬호는 그런 미신을 믿지 않았지만, 아내를 말리지는 않았다. 말려도 소용없다는 것을 알고 있었다. 당시에 한국 여성들은 보통 눌려 지내며 모든 것을 참고 사는 듯 보였지만, 그들이 정말 하고자 하는 일이라면 아무도 말릴 수가 없었다.

그렇게 사당을 찾아다니다가 찬성의 어머니는 지독한 기침 감기에 걸리고 말았다. 어쩌면 오랫동안 송 씨의 폐에 잠복해 있던 병균이 기회를 노리다가 병을 일으킨 것일 수도 있었다. 육신의 피로와 마음의 괴로움은 그녀의 모든 병을 더욱 악화시켰다.

엎친 데 덮친 격으로 찬성의 어머니는 여러 해 동안 류머티즘으로 고생하고 있었다. 날씨가 추워질수록 고통도 심해졌다. 관절마다 쑤시는 데다가 콜록거리면서 기침까지 하느라 그녀는 거의 잠을 이룰 수가 없었다. 찬성의 어머니는 급격히 쇠약해졌다. 촌장은 아내가 매우 걱정스러웠다.

촌장은 의사인 고 씨에게 아내를 진찰해 달라고 했다. 의사는 송 씨를 진찰한 후 온천에 다녀오라고 권유했다.

"아주머니에게는 변화가 필요합니다. 아주머니를 모시고 온천에 가서 열흘 정도 계시다가 오십시오. 온천물이 꽤 도움이 될 것입니다."

춘화는 병든 시어머니를 돌보기 위해 함께 온천에 갔다. 하인 박 씨가 여러 가지 준비를 거들었다. 온천은 북쪽으로 50킬로미터 떨어진 곳에 있었다. 그래서 그들은 일찍 출발해야 했다.

춘화가 자신을 깨우는 소리에 일어나 보니 새벽 3시였다. 잠에서 깨기가 쉽지 않은 시간이었다. 그러나 벌써 부엌에서는 불을 지펴 나귀에게 줄 콩을 삶고 있었다. 식구들의 짐과 쌀을 모두 나를 나귀였다. 그리고 동이 트기 전에 아침 식사가 마련되었다.

하인 박 씨가 구해 온 마부는 춘화가 지금껏 봐 온 사람들 중에 가장 무기력하고 쓸모없어 보였다. 그래도 그의 나귀는 튼튼해 보였다. 박 씨는 이 마부의 됨됨이를 알고 있었던 것이 분명했다. 박 씨는 마부에게 그 전날 저녁에 나귀를 데려다 놓으라고 신신당부했다. 그렇게 하지 않았더라면 그들이 해가 중천에 뜰 때까지도 출발하지 못했을 것이라고, 춘화는 짐작했다.

나귀에게 짐을 싣는 것은 엄청난 일이었다. 나귀는 이틀 동안 쉬면서 힘을 비축해 둔 상태였다. 이것저것 실을 것이 정말 많았다. 나귀에게 짐을 싣는 데는 세 사람이 필요했다. 한 사람은 나귀의 머리를 잡고, 두 사람은 나귀의 양쪽에서 평소에 사용하지 않는 거친 말을 내뱉으면서 짐을 실었다.

먼저, 저항하는 나귀의 등에 무거운 안장 방석을 올려놓았다. 그리고 그 위에 나무로 된 안장을 올려놓았다. 그다음에 일용품이 들어 있는 바구니들과 옷 꾸러미들을 안장에 묶었다. 이때 가능한 한 균형을 잡아 묶어 무게를 잘 분산해야 했다. 마지막으로 파란 덮개를 짐 꾸러미에 덮어 반반하게 만들었다. 여기에 박 씨가 앉아야 했기 때문이다. 박 씨가 이 사나운 나귀에 올라타 가능한 한 안락하게 갈 수 있도록 말이다.

이 성난 동물 위에 오르는 방법에 관해 여러 가지 조언을 들은 후에 박 씨가 볏짚단 위에 올라서자, 마부는 안간힘을 쓰면서 나귀를 그 볏짚단 가까이로 이끌었다. 나귀는 이 볏짚단이 곰이나 호랑이 같은 맹수로 보였는지, 계속 저항했다. 소리를 지르기도 하고, 달래 보기도 하고, 강한 말로 위협도 해 보았지만 소용이 없었다. 나귀는 계속 뒷걸음질 칠 뿐이었다.

　연거푸 실패하다가, 나귀가 머리를 한쪽으로 틀자 박 씨가 눈을 질끈 감고 나귀 등에 뛰어올랐다. 친구들이 양쪽 발을 잡고서 도와주었다. 나귀가 무슨 일이 일어났는지를 알아차리기 전에, 박 씨는 얼른 짐 꾸러미 위에 자리를 잡고 앉았다.

　춘화와 찬성의 어머니는 가마를 탔다. 가마 앞에는 두꺼운 천을 늘어뜨려 놓아서 안에서는 밖이 어느 정도 보였으나 밖에서는 안을 전혀 볼 수 없었다.

　가마 안에 쪼그리고 있는 두 여인에게 이 여행길은 길고도 지루했다. 특히 몇 킬로미터 가다가 가마꾼들이 쉬면서 피로를 푸느라 여인숙 앞에 멈추어 술을 마실 때는 더욱 그러했다.

　박 씨는 나귀 등에서 누구보다 편안하게 여행을 즐기고 있었다. 어느 누구도 잠시 후에 일어날 일을 전혀 예측하지 못했다. 아침 나절에 그들은 폭이 약 6미터, 깊이가 50센티미터 가량 되는 개울에 이르렀다. 지난밤에 개울 주변이 얼어붙을 정도로 물이 매우 차가웠다. 개울에는 통나무로 뼈대를 세우고 진흙과 대나무 줄기들을 섞어서 만든 좁고 굽은 다리가 있었다. 가마꾼들은 아무 문제 없이 그 다리를 건넜다. 그러나 마부는 주저했다. 다리 중간에 구멍이 나 있었는데, 얇은 돌로 일부만을 덮어 둔 상태였다. 마부는 나귀를 그 다리로 이끌려니 겁이 났다. 그렇다면 그가 개울 속으로 들어가 나귀가 물을 지나도록 인도해야 했다. 그러나 물이 얼음장처럼 차가웠다.

춘화가 생각한 대로, 그는 사실상 마부라 할 수 없었다. 그는 개울물 속에 들어가지 않고 다리 위에서 줄을 잡고는 절반 정도는 나귀를 끌고 절반 정도는 나귀를 몰아서 개울을 건너게 하려 했다. 보통 때였다면 이것이 효과가 있었을 것이다. 그러나 나귀는 아침부터 속고 있었던 탓에 계속 화가 나 있는 상태였다. 그래서 언제든지 문제를 일으킬 수 있었다.

개울가의 얼음을 밟은 나귀가 주춤하자, 마부가 "이랴!" 하고 소리쳤다. 그러자 나귀가 앞으로 한 걸음 나아갔다. 그런데 그 순간 얼음이 쩍 하고 갈라졌다. 마부는 나귀가 개울의 중간에 이르자 찰싹 하고 채찍질을 했다. 다행히도 짐은 줄로 단단하게 고정되어 있었으나, 그 위에 타고 있던 박 씨는 마부의 채찍질 때문에 뒤로 떨어지고 말았다. 그의 긴 외투가 공중에서 펄럭이고, 그의 발뒤꿈치가 원을 그렸다. 그러고는 앉아 있는 자세로 50센티미터 깊이의 물과 진흙 속에 떨어졌다. 진흙이 부드러워서 뼈가 상하지는 않았다.

춘화는 가마에서 이 광경을 보고 웃음을 터뜨렸다. 그러나 박 씨는 도저히 웃을 수가 없는 상황이었다. 새로 풀을 먹인, 멋있고 하얀 두루마기가 완전히 더러워졌다. 그의 체면이 말이 아니었다.

춘화는 마부가 이참에 혼이 나야 한다고 생각했다. 그리고 이내 박 씨도 그렇게 생각한다는 것을 알 수 있었다. 박 씨는 흠뻑 젖은 두루마기를 입고 제방 위에 서서 마부에게 화를 쏟아부었다. 마부가 겁에 질려 말했다.

"정말 잘못했습니다. 아, 이놈의 나귀가……."

마부는 나귀를 혼내고 야단쳐 박 씨의 주의를 돌려 화를 모면하고자 했다. 그리고 결국 마부가 박 씨의 화를 피하는 데 성공한 것처럼 보였다.

"다시는 이런 일이 없도록 조심하겠습니다."

마부는 최대한 몸을 수그리면서 말했다. 그러나 몹시 화가 난 박 씨는 들은 체도 하지 않고 젖은 옷을 입은 채로 앞서 걸어갔다. 그렇게 가다가 저녁을 해결하기 위해 여인숙에 들렀다.

춘화는 그 후에 일이 어떻게 진행되었는지에는 관심을 두지 않았다. 두어 시간이 지나 다시 길을 떠날 때쯤에는 박 씨의 옷이 거의 마른 것 같았다. 아마도 박 씨는 여인숙에 머무는 내내 옷을 말리기 위해 뜨거운 아랫목에 옷을 펼치고 그 위에 이불을 덮어 두었을 것이다. 자신은 빌려온 이불을 둘둘 말고 누워서 말이다.

마침내 그들은 한밤중에 온천에 도착했다. 그리고 온천 주위에 있는 여관들 중 하나를 숙소로 정했다. 송 씨는 그다음 날 아침부터 치료를 시작했다. 뜨거운 온천 옆에는 큰 헛간 같은 집이 지어져 있었다. 바위에서 뜨거운 물이 흘러나왔는데, 그 바위 근처에 있는 물은 너무 뜨거워서 목욕을 할 수 없을 정도였다. 큰 헛간 같은 집은 중앙에 칸막이를 두고 두 개의 방으로 나뉘어 있었다. 한쪽은 남탕이고 다른 한쪽은 여탕이었는데, 바위로 된 대야 같은 곳에 물이 모였다가 양쪽으로 똑같이 흘러 들어갔다.

이 온천은 매우 유명해서 아픈 사람들이 많이 찾아왔다. 위장병을 고치기 위해 이 물을 마시러 온 사람도 있었다. 그러나 대부분은 목욕을 하러 왔다. 송 씨처럼 류머티즘을 앓는 사람들이 많았는데, 너무 심하게 쑤셔서 온 이들도 있었다. 또 어떤 이는 피부병 때문에 오기도 했다.

사람들은 모두 이 물에 대해 일종의 극진한 믿음을 가지고 있는 것 같았다. 그들은 가능한 한 물속에 오래 잠겨 있으려고 했다. 어떤 사람은 아침부터 밤까지 거의 하루 종일 줄곧 뜨거운 물속에 앉아 있었다. 뜨거운 증기가 나오는 바위 가까이에 있는 사람들은 몸이 익은 듯이 보였다. 송 씨는 한 번에 한두 시간 정도만 몸을 담갔고, 중간에 쉴 때는 감기에 걸리지 않도록 이불로 몸을 감싸고 뜨거운 방바닥에 누워 있었다.

춘화는 처음에는 온천과 온천에 온 사람들, 온천에서 일어나는 일들을 매우 흥미롭게 지켜보았다. 그러나 많은 사람들이 온통 자신들의 질병에 관해서만 생각하고 이야기한다는 것을 알게 되었다. 춘화는 그런 이야기를 듣는 데 곧 싫증이 났다. 이곳이 답답했다.

어느덧 열흘이 흘러 태평동으로 돌아갈 날이 오자, 춘화는 뛸 듯이 기뻤다. 게다가 온천물이 송 씨에게 많은 도움을 주어서 기뻤다.

그러나 그 효과는 오래가지 못했다. 기침이 계속되었고, 날이 갈수록 찬성의 어머니는 쇠약해져 갔다. 병은 더욱 깊어져 폐결핵으로 번졌다. 병과의 싸움은 그리 오래 지속되지 못했다.

어느덧 다가온 봄이 아직 머물러 있는 겨울과 싸울 준비를 했다. 봄바람이 들판에서 겨울을 몰아냈다. 눈이 칙칙한 돌 뒤로 숨고 강의 얼음들이 서서히 녹으면서 봄이 시작되었다. 그리고 계절이 바뀌는 것을 보여 주듯이 갯버들이 단장을 준비할 무렵, 찬성의 어머니는 숨을 거두었다.

사람들은 찬성의 어머니를 강이 내려다보이는 언덕 위에 묻었다. 한찬호는 깊은 슬픔에 잠겨 찔레꽃으로 뒤덮인 뒤뜰을 왔다 갔다 했다. 춘화는 그런 시아버지를 바라보니 너무나 슬프고 가슴이 아팠다. 자신의 슬픔조차 잊어버릴 정도였다.

9
평양으로 가는 길

    3년이라는 세월이 훌쩍 지나갔다. 춘화는 남편 찬성이 없어도 행복하게 지냈다. 처음에 한 촌장은 아들이 돌아오리라 기대했다. 그러나 그가 돌아오지 않자 그를 찾는 데 지쳐 버리고 말았다. 그 지방 일대와 멀리 떨어진 곳의 동사무소까지 찾아다니면서 수소문했지만, 아들에 대한 소식은 태평동으로 전해지지 않았다. 찬성은 마치 땅이 입을 열어 삼켜 버린 듯 완전히 사라졌다.

    한 촌장은 슬픔을 참으면서 겉으로는 아무렇지 않은 듯 살았다. 그러나 그는 빨리 늙어 갔다. 이렇게 외로울 때 날마다 춘화를 가르치는 일은 배우는 춘화보다 한 촌장에게 더욱 의미가 있었다. 그들의 정은 보기 드물게 아름다운 것이었다. 춘화에게 이것은 새로운 세상이요 새로운 삶이었다. 춘화는 풍부한 감정으로 시아버지를 기쁘게 해 드렸고, 한 촌장은 춘화를 더욱 의지하면서 그녀의 생기 있는 모습 덕에 힘을 얻었다.

찬성이 사라진 후 처음 맞은 정월 초하루에 한 촌장은 춘화에게 말했다.

"얘야, 내일이 정월 초하루구나. 알다시피 이곳 관습대로 오늘 밤에는 우리 집 조상님들께 제사할 준비를 해야 한단다. 만약 찬성이가 오늘 밤에 여기 있었다면, 그 아이가 조상님들의 위패 앞에 절을 했을 텐데……. 그 아이 외에는 제사할 다른 아들이 없으니, 네가 찬성이 대신 제사를 드리도록 해라."

온 가족이 떡과 술과 고기를 마련하고 자정이 되기를 기다렸다. 한 촌장은 음식 쟁반들을 들고서 위패를 모셔 놓은 방으로 들어갔다. 그리고 휘장을 젖히고 위패 앞에 음식들을 놓았다. 그러고는 조용히 바닥에 엎드려 조상들 앞에 절하였다.

그가 일어나고 나서 춘화가 두려움과 무서움을 가득 안고 절하였다. 춘화는 제사할 때면 죽은 사람들의 영들이 모여든다고 믿었다.

그 이후로 해마다 춘화는 정월 초하루 제사를 도왔다. 그리고 모든 집안 일에서 점점 아들의 역할까지 감당하게 되었다.

춘화가 열아홉 살이 되던 해의 여름이었다. 춘화는 평안도의 도청 소재지인 평양으로 여행을 가게 되었다. 곡식과 나무를 실은 배가 태평동에서 평양, 그리고 다른 먼 도시 사이를 오가고 있었다.

춘화는 대동강과 그 앞에 있는 높은 성벽, 수백 개의 배들이 강기슭에 모여 있는 평양에 관해 많이 들었다. 그래서 태평동에서 평양으로 떠나는 배를 볼 때마다 그곳에 가 보고 싶다고 생각했다. 그러나 아직 그럴 만한 기회가 없었다.

그런데 드디어 평양에 가 볼 좋은 기회를 얻게 되었다. 춘화의 사촌인 영복과 그녀의 남편이 평양으로 이사를 갔는데, 그 남편이 영복을 보내 가족들을 초청한 것이다. 게다가 한 촌장의 친구 하나가 다른 친구들 몇 명과 함께 가족들을 데리고 자신의 배로 평양에 갈 것이라고 했다. 춘화가 가지 못할 이유가 없었다. 한 촌장도 흔쾌히 승낙했다.

마침내 배가 출발할 준비를 끝냈다. 춘화와 다른 여자들과 아이들은 배에 실린 소나무 위에 걸터앉았다. 소나무에서는 아직 신선한 내음이 났다. 한 촌장과 다른 많은 사람들은 안전한 여행이 되기를 바라는 눈길로 그들이 떠나는 모습을 지켜보았다.

조타수가 높은 상자 위에 서서 6미터 정도 되는 커다란 키를 잡았다. 그가 "밀어라!" 하고 외치자, 뱃사공들이 긴 막대로 배를 밀어내고 노를 젓기 시작했다. 양쪽에서 한 사람씩 노를 저었다.

"잘 있어!"

춘화가 뭍에 있는 친구들에게 소리쳤다. 친구들도 "잘 다녀와!" 하고 춘화를 향해 소리쳤다. 배는 물의 흐름을 찾기 위해 천천히 강 가운데로 나아갔다. 배가 처음에는 사람이 걷는 속도로 움직이는 것 같더니, 어느 정도 나아가자 더 빠르게 움직였다. 삐거덕거리면서 노 젓는 소리가 더욱 급해졌다. 그리고 배도 더욱 빨리 미끄러져 내려갔다.

뱃사공들은 온 힘을 다해 노를 저었다.

"이야!"

배가 앞으로 급격히 나아갔다. 배에 실린 소나무 위에 앉아 배의 속력을 느끼고 있으니 매우 흥분되었다. 어떤 아이들은 겁에 질려 어머니의 치맛자락을 꼭 붙들고 있었고, 어떤 아이들은 즐거워서 환호성을 질렀다.

"거기 앉으시오!"

조타수가 소리쳤다.

배는 더 빨라졌다. 뱃머리가 앞으로 돌진했다. 그런데 바로 앞에 있는 커다란 바위 때문에 하얀 물거품이 일고 있었다.

"어, 어, 부딪치려고 해요!"

한 여인이 소리쳤다.

그러나 조타수는 이미 그것을 알고 있었다. 그가 커다란 키를 확 틀자 배가 갑자기 항로에서 벗어났다.

그가 "밀어라, 밀어라" 하고 외치자, 건장한 두 사람이 노를 내려놓고 긴 막대기로 강바닥을 밀었다. 그러자 배가 무사히 바위를 비껴가 미끄러지듯이 깊은 물로 나아갔다. 이내 배는 고요한 물살 한가운데로 들어갔다.

태평동과 평양 사이에는 이러한 급류가 스무 개도 넘게 있었다. 어떤 것은 그 구간이 5킬로미터나 되었다. 급류들 사이의 강은 넓고 깊었으며, 물이 천천히 흘렀다. 강폭은 1.2킬로미터 정도였다.

그들은 많은 마을들을 지나갔다. 마을들에서는 빨래하는 여인들과 강가에서 노는 어린아이들을 볼 수 있었다. 어부들은 깊은 물에서 한 손으로는 작은 배의 노를 젓고 다른 한 손으로는 낚시를 하고 있었다. 여기저기에서 납작한 나룻배들이 장에 갔다가 돌아오는 사람과 가축들을 싣고 강을 건너고 있었다.

춘화는 그 모든 것들이 흥미로웠다. 그중에서도 특히 배가 급류를 빠져나갈 때가 즐거웠다. 호랑이 급류라고 불리는 곳을 지날 때는 으르렁거리는 소리가 멀리서도 들렸을 뿐만 아니라, 파도가 몰아치면서 사람들의 얼굴을 때리고 심지어 배 안으로까지 물이 들어왔다. 그럴 때면 배가 가라앉지 않도록 한 사람이 물을 배 밖으로 퍼내야 했다. 춘화는 이러한 물살을 만날 때도 두렵기는커녕 오히려 즐겁기만 했다.

눈이 반짝이고 바람을 맞아 볼이 발그레해진 춘화의 모습은 소망을 불러일으키는 한 폭의 그림처럼 아름다웠다. 그녀는 자신이 아름답다는 것을 알고 있었을까?

틀림없이 그러했을 것이다. 그러나 춘화는 지난 수년 동안 너무나 분주해서 자신에 대해 생각할 여유가 없었다. 그녀의 마음은 때묻지 않은 어린아이처럼 순수하고 깨끗했다. 이렇게 소녀 같은 그녀를 보면서, 그리고 배를 타는 동안 드러나는 그녀의 열정을 보면서, 그녀가 이 고장에서 가장 훌륭한 교육을 받고 인생의 가장 힘든 시련을 견뎌 낸 젊은 아낙네라는 것을 어느 누가 짐작이나 하겠는가?

평양에 가까워질수록 급류는 차츰 뜸해졌다. 강이 점점 넓어지고 호수처럼 잔잔해졌다.

평양에 여러 번 다녀온 뱃사공의 아내가 말했다.

"저 절벽을 지나면 평양시가 보인답니다."

그런데 춘화는 그 절벽에 결코 이르지 못할 것처럼 느껴졌다. 바람이 계속 그들을 막아섰고, 물은 거의 흐르지 않았다. 몇몇 사람들은 제방 쪽으로 가서 바람이 잔잔해질 때까지 기다리자고 했다. 춘화는 울음이 터져 나오려고 했다.

"아저씨, 계속 갈 수 없나요?"

춘화는 우두머리 뱃사공에게 간청했다.

"나는 평양에 한 번도 와 본 적이 없네. 게다가 어두워서 참 어려워."

춘화의 얼굴이 아름다워서인지 뱃사공이 조급해서인지, 그는 춘화의 간청대로 계속 가기로 결정했다.

"가자, 계속 가자. 누가 노 젓는 일을 멈추라고 했느냐?"

우두머리 뱃사공이 소리쳤다.

배는 천천히 절벽을 지났다. 천천히, 아주 천천히 모퉁이를 돌았다. 그러자 저 멀리 평양시가 눈에 들어왔다. 춘화가 꿈에 그리던 평양이었다. 큰 성벽이 모란봉에서부터 강기슭을 따라 이어져 우뚝 서 있었다. 죽 늘어서 있는 문들이 멀리서도 보였다. 그들은 절벽 아래에서 또 한 번 급류를 만났다. 그 덕에 배가 평양시로 더 빠르게 접근할 수 있었다.

빨래하는 여인들이 시끄럽게 수다를 떨고 있었다. 그리고 선단의 배들을 서로 연결하여 묶어 두어서 돛대들이 무리를 이루고 있었는데, 그 모습이 마치 낙엽이 진 숲처럼 보였다.

3층으로 된 높고 큰 문이 보이자 춘화가 숨가쁘게 물었다.

"저게 무슨 문이지?"

그러자 한 친구가 대답했다.

"저건 대동문이야."

"어머, 저것 좀 봐! 언덕 위에 있는 저 큰 건물은 뭐지?"

그러자 뱃사공의 아내가 대답했다.

"저 건물은 예수 믿는 사람들이 예배하는 곳이에요."

"저기에는 사람들이 많겠는데요."

"맞아요. 제 남편이 그러는데, 저기에 있는 사람들은 참 좋은 사람들이 래요. 나도 평양에 처음 왔을 때 놀랐어요. 파란 눈을 가진 외국인들이 어린아이를 잡아 약으로 쓴다는 소문이 돌았거든요. 하지만 그렇지 않았어요. 그들이 병든 사람들을 치료해 주는 곳을 마련해 두었는데, 의원들도 매우 친절했어요. 그들이 무슨 약을 사용하는지는 잘 모르겠지만요."

춘화가 말했다.

"저도 그것에 대해서는 잘 모르지만, 제 시아버님은 그들의 가르침이 참으로 어리석다고 말씀하셨어요. 서양 사람들에게나 어울리는 가르침이라고 하셨죠. 그런데 왜 우리 백성들을 괴롭히는 걸까요? 우리 조상들처럼, 우리에게는 공자나 맹자의 가르침이 더 좋은데 말이에요."

10
평양에서의 만남

 태평동에서 출발하여 평양을 눈앞에 두고서 배를 정박할 곳을 찾았을 때에는 이미 어스름한 저녁 빛이 깊어 가고 있었다. 만여 개의 가구에서 저녁을 짓느라 불을 피우자 연기가 하늘로 올라가 구름처럼 도시를 뒤덮었다. 배는 안전하게 정박했다.

 한 뱃사람이 춘화의 짐을 들어 주면서 그녀의 사촌 집으로 가는 길을 가르쳐 주었다. 좁은 길은 이내 사람들과 저녁 짓는 연기와 음식 냄새로 가득 찼다. 서양 사람들에게는 이곳의 상점들이 작고, 진열해 놓은 그릇들도 형편없어 보이며, 음식 냄새도 역겨울 수 있다. 그러나 춘화의 눈에는 상점들이 굉장히 커 보였고, 기름에 튀기는 생선 냄새로 입안에 군침이 돌았다.

 그들은 큰 문 앞에 멈추어 섰다. 그들을 인도한 사람이 힘차게 문을 두드리자, 안에서 거위 두 마리가 시끄럽게 울어 댔다. 그리고 곧 영복이 뛰어나와 문을 열고는 춘화를 이끌면서 반갑게 맞이했다.

그들의 기쁜 재회는 밤이 깊도록 이어졌다. 우선 영복은 마을 소식을 궁금해했다. 친구들이 어떻게 살고 있는지도 일일이 물어보았다. 그리고 마지막으로 조심스럽게 찬성에 관해 물었다. 춘화의 마음속 상처가 아직 아물지 않은 것을 알고 있었기에 매우 조심스러웠다.

"이렇게 여러 해가 지나도록 남편의 소식을 듣지 못한 거야?"

춘화가 대답했다.

"전혀 듣지 못했어. 사람들은 그이가 죽었다고들 해. 그러나 나는 희망을 버릴 수가 없어. 나는 살아 있는 동안 절대로 재혼하지 않을 거야. 영복아! 너도 알다시피 그이가 얼마나 훌륭했니. 또 내가 얼마나 그이를 사랑했니. 나는 지금도 계속 그이를 생각하고 있어."

춘화는 잠시 망설이다가 다시 말을 꺼냈다.

"여기 와서 너희 가정과 아이들을 보니, 내가 받고 있는 벌을 견디기가 훨씬 더 힘들게 느껴진다."

춘화는 영복의 품에 안겨 흐느껴 울었다. 그러자 영복이 부드러운 목소리로 말했다.

"춘화야, 네게 하고 싶은 말이 있어. 네가 우리 가정과 아이들이 행복해 보인다고 했지? 맞아, 그것은 사실이야. 그런데 너와 나누고 싶은 더 큰 복이 있단다. 평양에 와서 살면서 나는 예수님을 믿는 것에 관해 배웠어. 그로 인해 지금 내가 얼마나 행복해졌는지 이루 말할 수 없을 정도란다. 아마 너는 모를 거야.

나도 얼마 동안 큰 어려움을 겪었어. 남편이 나쁜 데 빠져 있었거든. 남편은 도박으로 재산의 절반을 잃어버렸어. 때로는 술에 잔뜩 취해 늦게 집에 들어오고, 나를 때리고, 아예 몇 날 며칠을 집에 들어오지 않기도 했지. 모든 상황이 나빠지기만 했어. 계속 이렇게 가다가는 어떻게 될지도 모르겠구나 싶더라.

그런데 어느 날 놀라운 일이 일어났어. 그날도 밤늦게까지 남편을 기다리고 있었지. 한편으로 그가 들어오는 것이 두려우면서도 남편을 간절히 기다리고 있었어. 그런데 대문 밖에서 남편의 목소리가 들리는 거야. 그가 이상한 노래를 부르고 있었지. 그리고 곧장 나에게로 달려오더니 이렇게 말했어.

'아, 불쌍한 내 아내! 내가 그동안 당신을 얼마나 불행하게 만들었는지 알아! 이제 그런 지긋지긋한 불행은 끝났소. 나는 오늘 밤 그리스도인이 되었소. 이제 하나님의 도우심으로 술도 마시지 않고, 도박도 하지 않을 것이오.'

춘화야, 이것은 사실이란다! 남편이 몇몇 친구들과 함께 언덕 위에 있는 큰 교회에 갔다가 거기서 모든 가르침을 듣고는 그날 밤에 그리스도인이 되기로 결심했던 거야. 그 이후에 남편은 약속을 지켰어. 나와 아이들에게 얼마나 잘해 주는지 몰라! 남편은 나에게, 예수님이 하나님의 아들이신데 세상을 위해 이 땅에 와서 돌아가셨다고 말해 주었어. 결국은 나도 그분을 믿기로 했지. 춘화야, 놀랍지 않니? 춘화야, 너도 그분을 믿어야만 한단다!"

춘화는 깊은 감동을 받았다.

"나는 네가 그리스도인이 되어서 기뻐. 하지만 내가 그리스도인이 되는 것은 두렵단다. 나는 시아버지에게 남은 유일한 식구야. 아버님은 내가 예수 믿는 것을 결코 허락하지 않으실 거야."

영복은 그 문제에 대해 더는 강요하지 않았다.

"아무튼 나와 함께 교회와 학교를 보러 가자."

영복의 말에 춘화는 "그래, 나도 가 보고 싶어"라고 대답했다.

그다음 며칠 동안 춘화는 기쁘고도 즐거운 나날을 보냈다. 영복과 함께 상점에도 들르고, 시장에도 갔다. 그리고 도지사 관사 앞에 서 있는 세 개의 큰 문도 보았다.

어느 날, 두 사람은 서문 밖에 있는 병원과 여학교를 방문했다. 춘화는 자신의 눈앞에 펼쳐진 모든 광경이 놀랍기만 했다. 특히 선교사들의 집과 풀밭에서 놀고 있는 외국 아이들이 춘화의 관심을 끌었다. 영복이 물었다.

"춘화야, 선교사님 댁에 방문해 보지 않을래?"

"내가?"

춘화가 소리쳤다.

"가능하다면 정말 가 보고 싶은데……."

그리하여 두 사람은 그날 오후에 소안련(윌리엄 스왈른, W. L. Swallen) 선교사의 집을 방문하기로 했다.

"나는 외국 여자들도 모두 알고 있어. 그런데 오늘은 소 목사님 댁에 가

자. 소 목사님 댁에 아이들이 가장 많거든."

영복은 자랑스럽게 설명했다.

아름다운 집이었다. 앞마당에는 온통 꽃들이 가득했다. 영복은 앞문으로 가서 문을 두드렸다.

"왜 문을 두드리니?"

춘화가 놀라서 묻자, 영복이 웃으면서 대답했다.

"어디에 들어가려고 하면 문을 두드려야 해. 그것이 서양의 관습이야. 너도 알다시피, 그 사람들의 관습은 우리와는 달라."

춘화가 여전히 그것을 궁금해하고 있을 때, 안에서 발소리가 들렸다. 그리고 매우 이상하게 생긴 외국인 여자가 문을 열고 나왔다. 그녀는 키가 컸다.

"영복 씨, 다시 만나서 기뻐요! 자, 들어와요."

그들은 좁은 복도를 지나 이상한 물건들로 가득 찬 큰 방으로 들어갔다. 춘화는 당황스러웠다. 영복이 외국 여인과 나누는 대화를 전혀 이해할 수 없었다.

잠시 후 외국 여인이 춘화에게 웃으면서 말을 걸었다.

"강 상류에서 온 영복 씨 친구죠? 배를 타고 여기까지 왔다면서요? 영복 씨가 이야기해 주었어요. 이렇게 우리 집에도 와 줘서 기뻐요."

처음에 춘화는 너무나 낯설어서 더듬거리며 "고맙습니다"라고만 대답했다. 그러나 소안련 선교사의 아내는 영복처럼 다정하게 춘화를 불러 그녀를 편하게 해 주었다.

"외국인의 집에 온 건 이번이 처음이지요? 그래요. 우리가 어떻게 사는지 궁금하지요?"

소 부인은 대답을 기다리지 않고 거실에 있는 난로와 매달려 있는 등에 대해 설명하였다. 영복도 열심히 거들면서 한쪽 구석에 있는 풍금에 대해 설명해 주었다.

영복이 소 부인에게 부탁했다.

"소 부인, 우리를 위해 조금만 연주해 주세요."

소 부인은 풍금 앞에 앉아 하얀 건반 위로 손가락을 가볍게 왔다 갔다 했다. 춘화는 그녀가 연주하는 음악을 거의 이해할 수 없었다. 그저 가볍게 움직이는 손가락에 관심이 갔다.

그다음에 그들은 식당으로 자리를 옮겼다. 찬장 안에는 하얀 접시들이 가득했고, 방 한가운데는 긴 식탁이 놓여 있었다. 춘화는 그것을 보고 놀랐다. 그러자 영복이 나서서 설명했다.

"서양 사람들은 우리처럼 식사하지 않아. 우리는 각자 자기 상에서 먹지만, 그들은 한 식탁에서 함께 먹어. 심지어 아내와 아이들도 함께 말이야."

그들은 부엌으로 들어갔다. 거기에는 요리할 때 사용하는 큰 화덕이 있었다. 그다음에는 침실에 들어갔는데, 이상하게 생긴 철 침대가 있었다. 두 사람이 떠나기 전에 소 부인은 그들을 매우 조용한 아기 방으로 데리고 갔다. 그리고 조그만 침대에서 자고 있는 귀여운 아기를 보여 주었다. 영복이 속삭였다.

"자, 생각해 봐! 외국 사람들은 밤에도 아이가 혼자 자도록 내버려 둬.

옳지 않아 보이지? 그렇지만 어린아이를 다치게 하는 것 같지는 않아."

소 부인은 그들의 말을 듣고 웃었다. 그녀는 자신이 옳다는 것을 두 젊은 방문객에게 증명하는 일이 소용없음을 알고 있었다. 소 부인은 수년 동안 한국의 친구들에게 어린아이 혼자 작은 침대에서 자는 것이 밤새 엄마 품에서 자는 것보다 엄마나 아기에게 훨씬 좋다는 점을 알리려고 애썼다. 그러나 수세기 동안 이어진 관습이나 습관을 하루 이틀에 버리고 고칠 수는 없었다.

그들이 떠나기 전에 소 부인은 빨간 표지로 묶인 예쁜 성경책을 춘화에게 건넸다.

"이것은 하나님의 말씀이에요. 나는 춘화 씨가 이것을 집에 가지고 가 읽었으면 좋겠어요. 그렇게 해 주실 거죠?"

춘화는 약속했다. 그녀는 소 부인에게 온통 마음을 빼앗기고 말았다.

그들이 작별 인사를 하는 동안 오솔길에서 어린아이들 네 명이 뛰어 들어왔고, 뒤를 따라 붉은 수염을 가진 키 큰 남자가 들어왔다.

"이 아이들 중 세 명이 우리 아이들이에요. 지금 학교에서 돌아오는 길이지요. 한 아이는 아직 학교에 갈 나이가 안 돼서 지금 방위랑 신교시님 댁에서 놀고 있어요."

아이들이 방으로 들어가려고 하자, 소 부인은 그들에게 외국어로 뭐라고 말했다. 그러자 아이들이 한 사람씩 앞으로 나와 웃고 있는 춘화와 영복에게 뛰어난 한국말 솜씨로 인사했다.

키 큰 남자가 들어오자, 소 부인은 "이분이 소 목사님이에요."라고 소개했다. 소 목사는 잠시 그들과 "안녕하세요?"라고 인사를 나눈 후에 자신의 서재로 들어갔다.

춘화는 흥분을 누르고 있다가 집 밖으로 나와 영복과 둘만 남게 되자 자신의 감정을 터뜨렸다.

"아! 정말 아름다운 집이야! 예쁜 것도 너무 많고, 소 부인은 정말 사랑스러워. 나는 소 부인을 좋아할 수밖에 없어! 사람들이 외국인에 대해 하는 말들은 모두 무서운 거짓말이야. 알지도 못하면서 그런 식으로 이야기하다니, 정말 창피한 일이야."

영복은 춘화의 말에 모두 동의하였다.

다음 날은 주일이었다. 영복은 아침 일찍 일어나 아침 식사를 하기 전에 아이들에게 가장 좋은 옷을 입혔다. 이날의 아침 기도는 평소보다 길었다. 영복의 남편은 아침 예배 때 교인들이 공부할 공과를 읽고 설명해 주었다. 춘화는 자신의 빨간 성경책을 펼쳐 따라 읽었다.

교회 뒤편에서 종소리가 크게 울리자, 춘화와 영복과 아이들은 언덕을 향해 출발했다.

"지금 첫 시간은 여자들을 위한 시간이고, 남자들은 나중에 모여."

영복이 말했다.

정말로 남자는 없었다. 어느 여자 외국인이 예배를 인도했다. 소 부인은 이 도시에 있는 다른 교회에 참석한다고 했다.

처음에는 여자들이 다 함께 노래를 불렀다. 그리고 외국 여인이 기도했다. 그러고 나서 반별로 흩어져 성경을 공부하였다.

춘화는 영복과 함께 앉아 있었다. 그러나 말하는 것은 거의 들리지 않았고, 그저 큰 건물과 그녀 주위에 있는 것에 관심이 갔다.

오후 모임은 매우 달랐다. 교회에 많은 사람들이 모여들었다. 한쪽에는 남자들이, 다른 한쪽에는 여자들이 앉아 있었다. 그리고 높은 강단 앞에는 한국인 장로들과 외국인 목사들이 열 명 정도 앉아 있었다.

길 장로라는 사람이 설교하였다. 영복은 춘화에게, 그가 지금은 조사(오늘날 전도사에 해당한다)인데 곧 신학교를 졸업하면 이 교회의 담임목사님이 될 것이라고 말해 주었다.

설교를 하기 전에 외국인 목사들 중 한 사람이 앞으로 나와 찬송을 인도했다. 목소리가 너무나 아름다웠다. 마치 트럼펫 소리처럼, 그의 목소리가 교회 안에 울렸다.

"예수 사랑하심을 성경에서 배웠네."

사람들이 노래를 얼마나 아름답게 부르는지! 나이 든 사람이나 젊은 사람이나 학생이나 할 것 없이, 그들의 목을 타고 흘러나오는 천여 개의 소리가 아름다운 화음을 이루었다.

"날 사랑하심, 날 사랑하심, 날 사랑하심, 성경에 써 있네."

비록 대부분이 춘화에게는 낯설고 이해할 수 없는 것이었지만, 길 장로(당시 장로였던 길선주는 훗날 목사가 되었고, 한국 교회의 지도자로 순교하였다)의 설교는 매우 흥미로웠다. 길 장로는 단순한 이야기를 많이 했다. 사람들은 그의 설교를 들으면서 웃기도 하고 울기도 하였다.

"하나님은 좋으신 분입니다. 그분의 사랑은 우리를 낳아 주신 아버지의 사랑보다 큽니다. 그분은 자신의 모든 자녀들을 사랑하십니다. 우리의 모든 괴로움과 슬픔은 죄로 말미암은 것입니다. 죄 가운데서도 가장 큰 죄는 바로 하나님을 사랑하지 않는 것입니다. 그러나 하나님은 여전히 사람들을 사랑하십니다. 그래서 자신의 아들 예수 그리스도를 보내 그로 하여금 사람들을 대신해 죽게 하셨습니다. 하나님은 예수님을 믿는 자들의 모든 죄를 용서하고 그들에게 복을 베푸실 것입니다."

춘화는 길 장로의 말 한 마디 한 마디가 마음에 쏙쏙 들어왔고, 그가 말하는 아버지의 사랑이 누구보다 절실하게 이해되었다.

11
춘화의 결정

길 장로의 설교를 들은 춘화는 마음속으로 그것이 진리임을 깨달았다. 그녀는 오랫동안 죄에 대한 부담을 가지고 있었다. 그리고 그날 기꺼이 죄의 짐을 내려놓았다. 그런데 설교를 듣는 동안, 그녀는 문득 용기 있고 친절하지만 슬퍼 보이는 노인의 모습이 떠올랐다. 한 촌장은 그녀에게 아버지 이상이었다. 그는 절대 그리스도인이 되지 않을 것 같았다. 춘화는, 자신이 예수님을 믿으면 한 촌장이 마음 아파하리라는 것을 알았다. 춘화는 교회에 남아 깊이 고민하였다.

이튿날 이른 아침, 배가 태평동으로 돌아갈 준비를 하고 있었다. 영복은 헤어지기 전에 마지막으로 춘화의 마음을 무겁게 누르는 주제를 꺼냈다.
"춘화야, 결정했니? 태평동으로 돌아가면 그리스도인이 될 거지? 내가 그것을 얼마나 바라는지 알지?"

춘화가 대답했다.

"그래, 내가 그럴 수만 있다면……. 그런데 너무 어려워. 아버님이 마음 아파하실 거야. 어쩌면 아버님께서 나를 집에서 내쫓으실지도 몰라."

"네 시아버지를 위해 기도하자. 하나님은 가장 굳은 마음도 변화시키실 수 있어. 누가 뭐라 하든 우리는 옳은 일을 해야만 해. 언제나 기억해. 만약 네가 쫓겨나면, 우리 집이 네 집이야."

그리고 그들은 헤어졌다.

뱃사람들은 조류를 거슬러 힘차게 노를 저어 다른 쪽으로 건너갔다. 실려 있던 나무들은 전부 팔렸고, 그 자리에 돗자리를 깔고 천막을 쳤다. 돌아가는 길은 이틀이나 걸리는 먼 길이었다. 사람들은 모두 뱃길이 편안하기를 바랐다.

가는 도중에 제방에 들를 때면, 두 사람이 먼저 뭍에 내려 긴 줄로 배를 당겨 안전하게 묶어 놓았다. 물살이 잔잔할 때는 배가 꾸준히 앞으로 나아갔지만, 물살이 센 곳에서는 한 뼘 나아가기도 힘겨웠다. 춘화는 고민거리를 잠시 잊은 채, 다른 사람들과 함께 이 장면을 보고 있었다. 뱃사공들이 몸을 앞뒤로 젖혀 가면서 힘을 쓰자, 배가 조금씩 나아갔다. 그들의 근육이 불뚝거렸고, 돛이 소리를 내면서 휘어졌다. 배의 모든 부분들이 괴로워 신음하면서 움직이는 것 같았다. 달려드는 물들이 그들의 얼굴에 뿌려졌다.

그러다가 갑자기 줄이 끊어져 배가 물살에 휩쓸려 떠내려갔다. 조타수가 뱃머리를 강가로 돌리기 전까지, 배는 방향을 잃고서 20미터 가량 떠

내려갔다. 뱃고물이 물살 가운데서 빙빙 돌았다. 모두가 배를 꼭 붙잡고 있을 뿐이었다.

춘화는 금세 위험한 상황이라는 것을 깨달았다. 춘화와 다른 여자들은 얼굴이 하얗게 질렸다.

잠시 후 다시금 뱃머리를 돌리고 모든 어려움이 지나갔을 때, 춘화는 자신의 손에 들린 성경을 내려다보았다. 그녀는 오전 내내 성경을 읽었다. 그리고 거의 무의식적으로 하나님께 그녀의 첫 감사 기도를 올려 드렸다. 그녀의 마음은 감사로 부풀어 올랐다.

태평동에 도착할 때까지 더는 사고가 없었다. 한 촌장과 마을 사람들 대부분이 배가 정박하는 곳에서 그들을 기다리고 있었다.

춘화는 다시 촌장의 집에서 생활을 시작했다. 태평동에는 그리스도인이 한 명도 없었다. 춘화는 그의 귀중하고도 새로운 책인 성경을 편안하게 읽을 수 있었다. 그녀는 평양에서 보내는 며칠 동안 그리스도인이 생활하는 모습을 많이 보았다. 그녀는 성경을 읽을 때, 영복이 했던 것처럼 자신의 생각을 하나님께 말하기 시작했다. 어느 누구도 그녀가 기도하는 것을 알아차릴 수 없었다. 춘화에게 일어난 외적 변화는 시아버지를 더욱 극진히 모시고 다른 사람을 도울 때 생각이 더 깊어졌다는 것뿐이었다. 힘들었던 과거의 삶이 지나가고, 행복하고도 평화로운 날들이 계속되었다.

어느덧 정월 초하루가 되어 제사할 때 쓸 떡을 준비하고 있었다. 한 촌장은 춘화가 함께 제사를 지낼 것이라고 믿었다. 그러나 춘화는 그렇게 할 수 없었다. 이는 하루 이틀 동안 내린 결정이 아니었다. 평양에서 돌아온 이후 줄곧 이것에 대해 생각하고서 내린 결정이었다.

춘화는 이미 오래전부터 마음속으로 자신이 그리스도인이 되었다는 사실을 깨달았다. 그래서 이제 그녀는 제사를 지낼 수가 없었다. 그것은 하나님께 죄를 짓는 것이었다. 그녀는 자기가 어디에 설 것인지를 결정해야 했다. 이제 니고데모처럼 숨어서 믿을 수는 없었다.

물론 이것은 정말 어려운 일이었다. 사랑의 심령을 가진 춘화에게는 시아버지의 가슴을 찌르는 말을 하느니 차라리 죽는 편이 더 쉬웠을 것이다. 진실로 춘화는 '예수님이 화평을 주러 오신 것이 아니라 검을 주러 오셨다'는 말씀과 '아버지나 어머니를 더 사랑하는 자는 그분께 합당하지 않다'는 말씀을 생각했다(마 10:34,37 참고).

밤이 깊어질수록 그녀의 마음속에서 벌어지는 싸움이 더 치열해졌다. 영복이 헤어질 때 그녀에게 한 말을 떠올리고 난 후에야 비로소 평안을 얻을 수 있었다.

"네 시아버지를 위해 기도하자. 하나님은 가장 굳은 마음도 변화시키실 수 있어. 누가 뭐라 하든 우리는 옳은 일을 해야만 해."

춘화는 어둠 속에 무릎을 꿇고 앉아 시아버지를 위해 온 힘을 다해 기도했다. 그리고 자신을 하나님께 맡겼다. 그러자 그녀의 마음이 차츰 밝아졌다.

다음 날 아침, 춘화는 시아버지의 방으로 갔다. 촌장은 얼굴을 들어 그녀가 들어오는 것을 바라보았다. 시아버지의 표정을 보니, 마치 '나에게 아들도 되고 딸도 되는 춘화야!'라고 말하는 것만 같았다.

춘화는 시아버지에게 다가가 자신의 손을 그의 이마에 올려놓았다.

"아버님, 제가 아버님을 얼마나 사랑하는지 아시지요? 어떤 경우라도 아버님을 거역하거나 슬프게 해 드리고 싶지 않습니다. 그러나 저는 오늘 밤에 제사를 드릴 수가 없습니다. 아버님은 모르시겠지만, 영복이가 그리스도인이 되었습니다. 그리고 저도 평양에 머무는 동안 예수 믿는 도를 배웠습니다."

촌장은 잠시 곤혹스러운 모습으로 앉아 있었다. 금세 얼굴이 하얗게 질렸다.

"아가야, 무슨 말이냐? 내 딸은 그리스도인이 될 수 없다. 두 번 다시 그런 말을 꺼내지 마라. 자, 이리 오너라. 네가 어디가 아픈 게로구나. 오늘 밤 제사는 신경 쓰지 마라. 올해는 나 혼자 지낼 테니……."

"아니에요. 저는 아프지 않아요. 아버님께서 오해하신 것입니다. 저는 예수를 믿는 신자가 되었습니다. 그래서 제사를 드릴 수가 없습니다. 제사가 잘못된 것이라는 사실을 깨달았습니다."

춘화가 대답하였다.

촌장은 화가 나서 얼굴이 붉어졌다. 그러나 그는 안간힘을 다해 자제하였다.

"그게 무슨 이상한 소리냐? 네가 천한 외국인들과 그들의 비상식적인 것을 우리 집에 들여놓으려 하는 것이냐!"

"오! 아버님, 그건 너무 심한 말씀입니다! 하나님은 제가 저 자신보다 아버님을 더 사랑하는 줄을 아실 거예요. 그러나 아버님, 저는 하나님께 순종해야 합니다. 아버님, 아버님, 저를 내치지 마세요!"

춘화는 진심으로 간청하였다.

그러나 촌장은 낯설고 낮고 힘 없는 목소리로 말했다.

"그렇다면 나와 비상식적인 것 사이에 선택하여라. 여기서는 그리스도인으로 살 수 없다."

결국 춘화는 다시 평양으로 떠나기로 했다. 이번에는 배가 아니라 가마를 타고 갔다. 배로 갔을 때는 휴가를 떠나듯 명랑하고 즐겁게 갔지만, 지금 춘화의 눈에는 눈물이 고였다. 자신이 살던 아름다운 집을 차마 바라볼 수 없었다. 춘화는 시아버지의 마음이 누그러지기를 바라고 또 바랐다. 그러나 자기가 옳다고 여기는 촌장은 생각을 굽히지 않았다.

촌장은 춘화가 떠나기 위해 준비하는 모습을 아무 말 없이 지켜보았다. 그리고 마침내 춘화가 떠날 시간이 되자, 자신의 책상에 앉아 바쁜 척하며, 작별 인사를 하러 오는 춘화를 보려고도 하지 않았다. 촌장은 외국인들과 그들이 전하는 가르침을 미워하고 싫어했다. 게다가 춘화가 지금까지 아버지처럼 보살펴 준 자신이 아니라 그것을 택하다니, 촌장은 도무지 참을 수가 없었다.

춘화는 평양에서 환영을 받았다. 한 촌장이 외로워하며 고통스러워하리라는 생각이 떠나지 않아서 마음이 아프기는 했지만, 그것만 빼면 그녀는 새로운 집에서 정말 행복하게 지냈다.

어느 날, 춘화와 영복은 길 장로를 만나러 갔다. 춘화는 길 장로의 눈이 거의 보이지 않는다는 사실을 알고서 깜짝 놀랐다. 춘화는 교회에 등록하고 싶어했다. 그리고 자신의 과거와, 남편과 싸우면서 지었던 죄를 길 장로에게 털어놓기로 마음먹었다.

춘화가 자신이 겪은 비극적인 삶을 담담하게 이야기하자, 길 장로는 깊은 감동을 받았다. 또한 그는 영복에게서 춘화가 상당한 교육을 받았다는 말을 전해 듣고 춘화에게 관심을 가졌다.

길 장로는 춘화에게 여학생을 가르치는 일을 도와 달라고 부탁했다. 훈련된 교사를 구하는 일이 거의 불가능했기 때문에, 만약 춘화가 학교에서 그 일을 도울 수만 있다면 매우 복된 일이었다. 춘화는 기꺼이 그러겠다고 했다. 사실 춘화는 일을 하고 싶었다.

처음에 춘화는 나이 많은 여학생들에게 한문을 가르쳤다. 기독교 학교에서 가르치는 현대적 과목들은 모두 춘화에게는 낯선 학문들이었다. 그러나 영민한 춘화는 이내 다른 과목들도 빠르게 습득해 갔다. 어느 선교사의 아내가 도와준 덕에, 춘화는 한 해가 지나기 전에 기초 산수와 지리를 가르칠 수 있게 되었다. 그리고 곧 평양 여학교에서 가장 귀한 선생님이 되었다.

12
예수님과 함께

춘화가 맡은 40명의 어린 소녀들은 참으로 귀여웠다. 그 작은 아이들은 수줍은 토끼처럼 즐거움과 생기로 가득 차 있었다. 아이들의 얼굴과 갈색 빛 눈동자, 가지런하면서도 재미있게 땋아 내려 다채로운 색깔의 예쁜 끈으로 묶은 검은 머리카락…….

아이들은 작은 발에 하얗게 풀을 먹인 고상한 버선을 신고 있었으며, 버선 위로는 하얀색, 분홍색, 빨간색이 어우러진 치마가 너울거렸다. 그리고 그 안으로 고쟁이가 살짝 엿보였다. 아이들은 무지개 빛깔을 띤 어여쁜 저고리를 입고 있었다.

춘화는 그들 모두를 사랑했다. 그런데 유독 귀희라는 아이에게 관심이 갔다. 물론 선생님이 누군가를 편애해서는 안 되겠지만, 춘화에게 이 작고 명랑한 아이는 각별했다. 귀희는 맨 앞줄에 앉았고, 춘화는 귀희에게 특별히 너그러웠다.

　귀희네 집은 춘화가 평양에 온 이후 줄곧 지내고 있는 영복의 집 건너편에 있었다. 영복과 그녀의 남편은 귀희의 부모에게 예수 믿는 도를 전하려고 여러 번 노력했다. 그러나 춘화가 올 때까지도 성공하지 못하고 있었다. 춘화는 이 작고 어린 이웃을 친구로 만들었다. 그리고 얼마 안 되어 귀희의 어머니도 춘화에게 호의를 보이기 시작했다.

　새해를 맞이하면서 귀희는 일곱 살이 되었다. 춘화가 가르치는 하나님과 예수님의 사랑을 충분히 이해할 만한 나이였다. 춘화는 귀희를 주일학교에 데려가고 싶은 마음이 간절했다. 그래서 귀희의 부모를 설득하려고 갖은 애를 썼다. 얼마 후 귀희의 부모는 귀희를 데리고 가도 좋다고 허락했다. 귀희가 열심히 떼를 쓰기도 했지만, 한편으로는 춘화가 믿을 만하게 보여서 안심이 되었기 때문이다.

　춘화는 귀희의 어머니가 '예수 믿는 도'에 관심을 가지도록 만드는 데 조금씩 성공하고 있었다. 귀희의 어머니는 종종 귀희와 춘화와 함께 언덕에 있는 큰 교회에 가기도 했다. 그러나 학습반에 등록하기에는 아직 충분하지 않았다.

　귀희의 아버지는 '예수 믿는 도'에 전혀 관심이 없었다. 그는 장사에만 몰두했으며, 그리스도인이 될 시간이 없다고 말했다. 그러나 딸과 아내가 그리스도인이 되는 데는 반대하지 않았다.

　귀희의 부모가 딸이 주일학교에 출석하는 것을 허락했을 때, 춘화는 뛸 듯이 기뻤다. 춘화에게 귀희는 자신이 그리스도께로 인도한 첫 열매였다.

그래서 귀희를 각별히 아끼고 사랑할 수밖에 없었다. 귀희가 귀엽고 사랑스럽기도 했지만, 춘화에게 특별한 의미가 있는 아이였던 것이다.

귀희는 '주일학교'에 여덟 달 동안 출석하였다.

어김없이 봄이 돌아왔고, 단옷날이 되었다. 단오는 한국의 여인들과 아이들에게 특별한 명절이었다. 다른 날과 다르게, 여인들, 특히 젊은 여인들과 어린이들은 이날 즐거운 시간을 보냈다. 모두들 새 저고리를 입고, 음식과 고기를 푸짐하게 마련했다. 그리고 나뭇가지에 그네를 매달아 하루 종일 탔다. 적당한 나무가 없는 경우에는, 두 개의 나무 장대를 양쪽으로 세우고 가로지르는 막대를 연결한 다음, 거기에 짚으로 만든 밧줄을 걸어 그네를 만들었다. 춘화네 여학교 마당에도 이렇게 나무 장대로 만든 그네가 세워졌다.

그네 타기는 참 재미있는 놀이이다! 두 사람이 마주 보고 서서 처음에는 양쪽으로 서로 밀거니 당기거니 하다가, "우후, 우후" 하며 숨을 깊이 쉬고 팔과 다리를 적당하게 잡아당겼다 놓았다 하면서 점점 높이 올라갔다. 그네 밑은 언제나 이렇게 해라 저렇게 해라 조언하는 사람들과 웃음소리로 떠들썩했다.

춘화는 교실 문에 서서 사람들을 바라보고 있었다. 오후 수업을 할 시간이 되었다. 그녀는 종을 쳐 수업을 알려야 했지만 망설였다. 그들의 즐거움을 방해하고 싶지 않았고, 무엇보다 귀희와 보배가 막 그네를 타기 시작했기 때문이다. 춘화는 그들에게 몇 분을 더 주기로 마음먹었다.

두 아이는 높이 올라갔다. 마치 그네가 하늘을 향해 똑바로 서는 것 같았다. 그네의 줄이 쭉 뻗어 나가면서 삐거덕거렸다.

"저 줄이 끊어지면 어떻게 하지?"

춘화는 중얼거렸다.

"그래도 끊어지지는 않겠지. 그네를 잘 아는 사람들이 만들어 놓은 건데……."

그 순간 춘화는 말문이 막혔다. 그넷줄이 끊어지지는 않았지만, 나무 장대를 묶고 있던 버팀줄 하나가 갑자기 풀려 버린 것이다. 하필 그때 두 소녀는 가장 높이 올라가 있었다. 그 순간 왼쪽의 지지대가 갑자기 무너지는 동시에 장대가 휘면서 부러져 땅바닥으로 떨어졌다.

소녀들은 그넷줄을 꽉 붙들고 있었지만, 솟아올랐던 그네가 되돌아오면서 다른 장대와 정확히 부딪쳤다. 그리하여 두 소녀는 땅바닥으로 내동댕이쳐지고 말았다.

춘화는 너무 놀란 나머지 한달음에 달려갔다. 보배는 곧바로 일어나 울었지만, 분명 다친 데는 없어 보였다. 그러나 귀희는 의식을 잃었다. 춘화는 서둘러 귀희를 교실로 옮겼다. 큰 슬픔이 몰려왔다. 그녀는 얼른 여학생 몇 명을 교회 사무원과 의료 선교사인 윤 박사에게로 보냈다.

다행히 귀희는 그들이 당도하기 전에 깨어났다. 춘화는 안도의 한숨을 내쉬었다. 윤 박사가 귀희를 세밀히 검사해 보더니 뼈가 부러지지는 않았다고 안심시켜 주었다. 귀희를 잠시 조용히 쉬게 한 후, 교회의 사무원과 함께 집으로 보냈다. 그리고 학교는 정상적으로 수업을 하였다.

춘화는 일찍 학교를 파하고, 사랑하는 친구인 귀희의 집으로 서둘러 달려갔다. 앉아 있는 귀희를 보니 매우 기뻤다. 분명 그 사고로 나빠지지는 않은 듯 보였다. 다만 귀희는 여전히 두통이 심했다. 그래서 춘화는 아이를 눕혔다.

그런데 다음 날 아침, 귀희의 상태가 나빠졌다. 아이의 하반신에 감각이 없었다. 춘화는 두려웠다. 귀희의 부모도 몹시 놀랐다. 귀희가 반신불수가 될 것만 같았다.

"제가 가서 선교사님을 모시고 오게 해 주세요. 그분은 정말 실력이 뛰어난 의사입니다."

춘화는 간청했다. 그러나 귀희의 아버지는 완강했다.

"안 됩니다. 귀희는 매우 심각한 상태입니다. 나는 귀희를 지금 당장 신의원에게 보일 생각입니다."

어쩔 도리가 없었다. 귀희의 아버지는 그리스도인이 아니었고, 귀희의 어머니는 믿음이 약했다. 가족들은 늘 하던 대로 귀희를 돌보고자 했고, 춘화는 어쩔 수 없이 학교로 돌아갔다.

귀희는 신 의원이 온다는 소리에 두려워했다. 신 의원이 귀희를 검사하고 치료하려고 준비하는 동안, 아이는 더욱 무서워했다.

의원이 말했다.

"전신이 마비되기 시작했습니다. 침과 개꽃 뜸으로 지금 즉시 치료해야 합니다."

귀희는 소리치면서 울기 시작했다.

"아앙, 싫어!"

하반신이 마비되어 움직일 수 없는데도, 귀희는 일어나 방 밖으로 뛰쳐나가려고 애썼다. 부모는 귀희를 붙잡았다. 신 의원은 빠르게 시술했다. 한 번, 두 번……열두 번! 감각이 없는 부위는 물론 손발과 어깨를 비롯하여 온몸에 침을 꽂았다.

분명 그것으로도 충분해 보였으나 치료를 멈추지 않았다. 신 의원은 개꽃 뜸을 놓기 시작했다. 마른 개꽃잎 가루를 아이의 한쪽 엉덩이 위에 모아 놓고는 불을 붙였다. 그 가루들이 확 타 버렸다. 신 의원은 다른 쪽에도 뜸을 놓았다. 침을 꽂았던 것처럼 온몸에 뜸을 놓았다. 마침내 치료가 끝났다. 그는 자신의 처치에 매우 만족해하는 것 같았다. 그러나 어린 귀희는 굉장히 아파하고 고통스러워하면서 하루 종일 누워 있었다. 얼마나 아팠는지, 저녁에 찾아온 춘화도 알아보지 못했다. 춘화는 귀희의 모습을 보자마자 허락도 받지 않고, 영복과 함께 의료 선교사를 모시고 왔다.

선교사는 이 어린 환자를 검사한 후에 눈물을 흘렸다. 그 사고는 분명 치명적인 것이 아니었다. 그런데 지금은 아이의 상태를 장담할 수 없게 되어 버렸다. 신 의원의 처치가 문제를 더 심각하게 만드는 것이었나. 신 의원이 자신이 만든 약을 과하게 사용하면서 즐거워한 것 같았다. 선교사는 속으로 말했다.

'이렇게 어리석은 부모가 있다니!'

그는 자고 있는 귀희의 아버지를 깨워 소리를 지르고 싶은 심정이었다.

'이 어리석은 사람아, 당신이 이 아이를 죽였단 말이오!'

그의 마음속에 안타까운 외침이 울려 퍼졌다.

선교사는 한참 동안 자신의 약상자 앞에서 무언가를 조제하기 시작했다. 그러고는 고약 한 통을 만들어 건네면서 사용법을 설명해 주었다. 그는 가능한 한 짧게 말하고는 방을 떠났다.

춘화는 최대한 시간을 내 오롯이 귀희 곁을 지켰다. 상처들 때문에 귀희는 계속 약해졌다. 그런데 며칠이 지나자 고통이 더 심해지지 않았다. 귀희는 누워서 몇 시간씩 춘화가 읽어 주는 달콤한 성경 이야기를 들었다.

그러나 귀희를 매우 괴롭히는 일이 하나 있었다. 귀희의 어머니는 계속 울고, 아버지는 그 사고로 하나님과 그리스도인을 비난했던 것이다.

귀희가 말했다.

"엄마, 나는 죽는 것이 두렵지 않아요. 나는 곧바로 하늘나라에 올라갈 거예요. 그리고 거기서 예수님과 함께 살 거예요."

그러나 귀희의 어머니는 아무런 대꾸도 하지 않았다.

"엄마, 엄마, 이리 오세요."

귀희가 어머니를 불렀다. 어머니가 다가오자 귀희는 간절히 부탁했다.

"내 옆에서 무릎을 꿇고 내가 기도하는 것을 도와주세요. 하늘에 계신 우리 아버지……."

귀희는 끝까지 차분하게 기도했지만, 겨우 속삭이는 정도밖에 소리를 낼 수 없었다.

귀희의 어머니는 마음에 두려움과 분노가 가득해 기도하지 않았다.

춘화는 마지막이 다가오는 이 어린 친구와 함께 시간을 보냈다.

귀희의 부모와 몇몇 친구들, 그리고 춘화는 숨을 거칠게 쉬는 귀희 옆을 지켰다. 그러다가 숨소리가 바뀌더니, 귀희가 눈을 뜨고 입술을 움직였다. 춘화는 몸을 굽혀 귀희에게 더욱 가까이 다가갔다.

"엄마를 불러 주세요."

어머니가 다가갔다.

"엄마, 내가 가기 전에 지금 약속해 주세요. 예수님을 사랑하실 거죠?"

어머니의 마음은 찢어지는 듯했다. 그녀는 흐느끼면서 대답했다.

"그래, 그래. 내가 꼭 그리하마."

귀희의 입술이 한 번 더 힘겹게 움직였다.

"아버지도 약속해 주세요."

아버지도 목이 메어 울면서 대답하였다.

"내가 약속하마. 내가 약속해."

귀희는 마지막으로 애써 힘을 내, "선생님, 사랑합니다"라고 말했다. 그리고 예수님과 함께 있기 위해 하늘나라로 떠났다.

13
하늘의 꽃

춘화의 삶에 또 다른 변화가 생겼다. 춘화가 세례를 받기 위해 문답에 참여할 때, 세례를 받는 그녀에게 어울리는 이름에 대한 이야기가 오갔다. 길 장로가 말했다.

"춘화, 봄꽃이라. 이름이 참 예쁘군. 그런데 그 안에 복음이 들어 있지 않아. 자, 춘화를 천화로 바꾸는 것이 어떤가? '하늘의 꽃'으로 말이야."

모두가 동의했다. 춘화도 이 제안에 기뻐했다. 그리고 그다음 주일에 천화, 즉 하늘의 꽃이라는 이름으로 세례를 받았다.

천화는 비록 새로운 일과 삶에 빠져 있었지만, 한 촌장에 대한 생각이 뇌리에서 떠나지 않았다. 천화는 시아버지에게 편지를 쓰고 또 썼다. 그러나 답장은 오지 않았다. 그녀는 안타까움을 금할 수 없었다. 결국 천화는 시아버지에게 한 번 더 간청하려고 태평동으로 떠났다.

한 촌장은 나이가 들고 수척해졌으나, 그의 얼굴은 여전히 근엄하고 흔들리지 않았다. 그가 말했다.

"내가 전에 말했던 것과 같다. 나와 외국인들 중 하나를 택하여라. 네가 그리스도인으로 있는 한, 너는 나와 아무런 상관이 없다."

"그런데 아버님, 왜 그리스도인이 되지 않으시려는 것입니까? 하나님은 좋으신 분입니다."

"그만해라!"

촌장이 소리쳤다. 천화는 깜짝 놀랐다.

"나에게 하나님이 좋은 분이라고 절대 말하지 마라. 하나님은 하나밖에 없는 내 아들을 빼앗아 갔고, 너마저 빼앗아 갔다. 너의 배은망덕 때문에 나의 말년이 저주받은 것 같구나. 하나님이 내 아들을 돌려준다면 그가 좋은 분이라는 것을 믿겠다. 너는 네 길을 가거라. 네가 가고 싶은 대로 가. 단, 두 번 다시 나에게 예수를 믿으라고 말하지 마라."

천화는 더는 아무 말도 할 수 없었다. 그녀는 슬픈 마음으로 평양으로 돌아와 학교 일에 이전보다 더 전념할 뿐이었다.

14
치료하시는 하나님

천화는 여학교에서 선생 자격으로 길 장로를 자주 만났다. 길 장로는 은사가 있는 설교자였을 뿐만 아니라, 쉬지 않고 일하는 놀라운 사역자였다. 그는 앞을 거의 보지 못해서 장소를 이동할 때면 누군가 손을 잡고 인도해야 했다. 그런데도 그는 교회의 회중들과 매우 가까운 관계를 유지했다. 그는 적어도 일 년에 한 번은 각 가정을 심방했다. 그리고 누군가가 태어나거나 죽는 일을 비롯해, 400여 가정이 넘는 교회 식구들의 삶에 끊임없이 일어나는 기쁜 일과 슬픈 일에 함께했다.

특별히 그는 교회 학교를 돌보았다. 천화는 계속 조언을 구하기 위해 길 장로를 찾았다. 그가 베푼 도움과 따뜻함은 새로운 일들에 대한 그녀의 부담을 덜어 주었다. 그러나 천화는 여전히 가족과 친구들을 잃었다는 무거운 짐을 지고 있었다.

천화는 길 장로에게 고마워하며 신실하게 그를 대했다. 천화는 길 장로가 겪는 큰 고통을 보면서 깊은 감명을 받았다. 그녀가 평양에 오고 나서 두 해가 지났을 무렵, 길 장로의 건강이 매우 나빠졌다. 그의 시력이 점점 나빠지더니, 급기야 큰 글자도 읽지 못하고 친구들의 얼굴도 알아보지 못할 지경에 이른 것이다. 천화와 평양에 있는 모든 그리스도인들이 그를 걱정하였다.

의료 선교사인 윤 박사는 백내장을 제거하는 수술에 능하여 한국인들 사이에 명성이 자자했다. 그는 한 해에 36건의 백내장 수술을 집도하였다. 그는 한국에 있는 동안 길 장로를 돌보면서, 어느 정도 임시적인 처치를 해 주었다. 그러나 윤 박사가 안식년으로 미국에 가고 없는 동안, 길 장로의 눈은 하루가 다르게 나빠졌다.

소망이 없어 보였다. 그러나 평양의 그리스도인들은, 인간의 방법들이 실패했을 때 하나님께서 그들의 기도에 응답하여 회복시켜 주신 일을 보았다. 그래서 그들은 길 장로를 위해 기도했다. 그러자 하나님은 신실하게 그들의 기도에 응답하여 치유의 길로 인도하셨다. 미국에서 눈과 귀를 수술하는 실력이 뛰어난 의사가 온 것이다.

7년 전에 그는 건강이 매우 나빠졌다. 그러자 그를 담당했던 의사가 "선생님, 이곳을 떠나 바다로 여행을 다녀오시는 게 좋을 듯합니다"라고 조언했다. 그래서 그는 아내와 딸에게 작별 인사를 하고 여행을 떠났다. 다시 그들을 만날 수 있을지 없을지 알 수 없었다.

그런데 그는 이곳저곳을 여행하다가 한국의 동해안에 이르러 오랫동안 머물게 되었다. 그는 그곳에 있는 동안 한국 사람들에게 깊은 관심을 가지게 되었다.

한국을 마음에 품게 된 그는 "하나님, 만일 건강을 회복시켜 주신다면, 한국에 다시 돌아오겠습니다"라고 기도했다. 그리고 하나님은 그에게 다시금 건강을 주셨다.

완전하지는 않았으나 선교 사역을 수행하는 데는 충분할 만큼 건강이 회복되었다. 그는 미국으로 돌아가 미국 장로교 해외선교부에 의료 선교사로 한국에 보내 달라는 신청서를 냈다.

선교부에서는 다음과 같이 말했다.

"선생은 마흔 살이 다 되었고, 한국말을 잘 알아듣지도 못합니다. 게다가 아내와 딸이 있지 않습니까? 우리는 결코 선생을 보낼 수 없습니다."

그를 선교사로 보내는 것은 말도 안 되는 일 같았다. 그러나 때때로 인간의 지혜는 하나님 앞에서 어리석을 뿐이다. 하나님께서 그에게 한국으로 가고자 하는 소망과 열망을 주셨기 때문에 그는 실망하지 않았다. 그는 계속 신청서를 제출했다. 그리고 한국에 있는 친구들에게 자신을 위해 기도해 달라고 요청했다.

그는 한국에 가서 경험을 쌓는 대신 선교사로서 실패하면 비용의 상당 부분을 본인이 부담하겠다고 선교부에 제안했다. 그리고 마침내 선교부는 그 제안을 받아들였다.

그리하여 이 의사가 평양으로 오게 되었고, 한국말을 배우기 시작했다. 그리고 윤 박사가 없는 동안 병원 일을 맡게 되었다. 처음부터 그는 기도

하지 않고는 환자를 보지 않았다. 평양의 그리스도인들은 그가 기도하는 가운데 철저히 하나님을 의지하면서 의술을 펼치자 마음에 새로운 소망을 품게 되었다.

그들은 그 의사에게 요청했다.

"길 장로님을 수술해 주실 수 있습니까? 우리는 선생님의 의술을 지켜보았습니다. 하나님께서 선생님을 도와주시리라 믿습니다."

이것은 매우 무거운 책임이었으나 새로 온 의사는 주저하지 않았다.

이날은 평양에서 오래도록 기억되는 날이 되었다. 수술이 진행되는 동안 교회의 사무원들은 마포삼열(사무엘 마펫, Samuel. A Moffett: 미국 북장로교에서 한국으로 파송한 선교사) 선교사의 집에 모여 계속 기도하였다. 뿐만 아니라 온 도시의 그리스도인들이 길 장로의 회복을 위해 간절히 기도하였다.

수술은 어떻게 되었을까? 매우 까다롭고 힘든 수술이었지만, 수술은 별 어려움 없이 간단하게 끝났다.

의사의 날카로운 칼끝이 각막을 뚫고 안구를 지나갔다. 그 칼끝이 삭막을 잽싸게 들어 올리면서 안구의 다른 쪽으로 빠져나왔다. 그리고 각막 끝을 젖히고는 조그맣고 날카로운 갈고리를 수정체 속으로 넣었다. 그러고 나서 의사는 반사경을 치우고 안구를 가운데 쪽으로 부드럽게 눌렀다. 그러자 병든 수정체가 밀려나와 제거되었다.

의사는 민첩하면서도 아주 조심스럽게 눈에 붕대를 감았다. 그는 숙련

된 솜씨로 눈꺼풀 자체를 붕대로 완전히 덮었다. 의사가 수술이 끝났음을 알렸고, 환자는 한쪽으로 인도되어 며칠 동안 병원에서 회복되기를 기다렸다가 집으로 돌아갔다.

어느덧 길 장로가 수술을 한 지 한 달이 지났다. 그날은 주일이었다. 중앙교회에는 많은 사람들이 모였다. 길 장로는 강단에 앉아 있었는데, 눈에 붙인 반창고는 이미 떼고 없었다. 그는 테가 큰 안경을 쓰고 있었다. 미국에서 새 안경이 올 때까지 의사가 빌려준 것이었다. 그러나 그것은 문제되지 않았다.

성경을 봉독할 차례가 되자, 길 장로가 일어나 손에 성경을 들고 본문을 찾았다. 그러고는 큰 소리로 "읽겠습니다" 하고 말한 후에 시편 103편을 읽었다.

"내 영혼아 여호와를 송축하라 내 속에 있는 것들아 다 그의 거룩한 이름을 송축하라. 내 영혼아 여호와를 송축하며 그의 모든 은택을 잊지 말지어다. 그가 네 모든 죄악을 사하시며 네 모든 병을 고치시며, 네 생명을 파멸에서 속량하시고 인자와 긍휼로 관을 씌우시며, 좋은 것으로 네 소원을 만족하게 하사 네 청춘을 독수리같이 새롭게 하시는도다……."

길 장로가 성경을 읽자, 마포삼열 목사가 일어나 말했다.

"우리 모두 영광의 찬송을 드립시다."

온 성도들이 기쁨과 감사로 드리는 노랫소리가 커다란 교회당에 울려 퍼졌다.

"만복의 근원 하나님
온 백성 찬송 드리고
저 천사여 찬송하세
찬송 성부 성자 성령."

15
군수의 사무실에서

이제 예찬성으로 불리는 한찬성은 군수 옆에 앉아 있었다. 그는 열심히 무언가를 기록하고 있을 뿐, 자신 앞에서 벌어지는 일에는 관심이 없었다.

수내에 있는 학교는 재정과 학생 수가 부족하여 문을 닫았고, 찬성은 덕천 군수인 김상조의 서기관 자리를 수락하였다.

찬성의 앞에서는 다음과 같은 광경이 펼쳐지고 있었다. 한 노인이 법정으로 끌려 나왔다. 군수와 서기관은 높은 곳에 앉아 있었고, 죄수는 고개를 숙인 채 땅에 엎드려 있었다. 노인의 양쪽에는 파란 제복을 입은 순사들이 서 있었다. 그는 군수가 부과한 세금을 내지 않았다는 혐의로 체포되었다. 그 세금은 덕천에 있는 사원에서 큰 제사를 지내는 데 필요한 자금을 충당하기 위해 징수된 것이었다. 군수는 이 큰 제사를 통해 하늘을 달래고, 자신의 덕을 선전하고자 했다.

"이름이 무엇이냐?"

군수가 물었다.

"네 이름이 무엇이냐고 묻지 않느냐?"

옆에 있는 순사가 소리쳤다.

"박종희입니다."

죄수가 대답했다.

"나이는 어떻게 되는가?"

군수가 물었다.

"나이는 어떻게 되는가?"

순사가 반복했다.

"예순둘입니다."

군수가 화난 목소리로 물었다.

"세금 내기를 거부하는 것이 무슨 의미인지 아느냐?"

그러자 순사가 죄수의 머리에 대고 소리를 질렀다.

"세금 내기를 거부하는 것이 무슨 의미인지 아느냐?"

"저는 그 돈을 낼 수 없습니다. 저는 그리스도인이며, 우상에게 제물을 바치는 것은 하나님께 죄를 짓는 것이기 때문입니다."

군수가 분개하며 호통을 쳤다.

"뭐라! 네가 감히 나에게 도전하는 것이냐? 무엇이 옳고 그른지를 나에게 가르치려 드는 게야? 이자를 끌고 나가 곤장 스무 대를 쳐라. 이자의 양심이 두꺼운지 살갗이 두꺼운지 보아야겠다."

박 노인은 정당한 절차나 제대로 된 판결도 거치지 않은 채, 형벌을 받기 위해 법정과 연결된 마당으로 질질 끌려 나갔다. 사람들은 노인의 손을 뒤로 묶고 아랫도리를 벗겨 내렸다. 그러고는 박 노인의 허벅지를 대나무 몽둥이로 스무 번이나 때렸다. 옷을 다시 입혔으나 바지 사이로 피가 흐르는 것이 보였다. 그는 다시 법정으로 끌려 들어왔다.

"자, 이제 나는 네가 무언가를 깨달았기를 바란다. 너는 나이도 많으니, 내가 세금을 절반으로 깎아 주겠다. 이제 세금을 내겠느냐?"

순사가 이를 반복했다. 그러자 죄수가 대답했다.

"나리, 자비를 베풀어 주십시오. 저는 가난하고 무식합니다. 그러나 저는 예수님을 믿기 때문에 우상에게 제사를 드릴 수 없습니다."

"뭐야! 네가 아직도 고집을 부리는 게냐? 매가 부족한 것이 틀림없다. 이 뻔뻔스러운 놈을 끌고 가 스무 대를 더 때려라."

"억! 억!"

이미 피가 흐르는 다리에 스무 대를 더 맞은 후에 박 노인이 다시 법정으로 끌려 들어왔다. 그러자 군수가 근엄하게 말했다.

"이런 별 볼 일 없는 놈에게는 그 정도면 충분하다. 나도 네가 늙고 가난한 것을 안다. 그러나 너 같은 거지 녀석이 반항하는 것을 도저히 용납할 수 없다. 그래도 내가 너에게 자비를 베풀겠다. 너의 세금을 다섯 냥으로 줄여 주마. 지금 내겠느냐, 아니면 한 번 더 맞겠느냐?"

불쌍한 노인은 신음하였다.

"아이고! 저에게 자비를 베풀어 주십시오. 저는 이미 죽은 몸이나 마찬

가지입니다."

군수는 약간 동요하는 듯 보였다.

"그렇다면 이 작은 액수를 내는 데 동의해라. 그리하면 내가 너를 보내 주겠다."

그러나 땅바닥에서부터 이런 대답이 들려왔다.

"저는 할 수 없습니다. 그렇게 못합니다. 저는 그리스도인입니다."

군수는 망설였다. 그러나 이렇게 거역하는 것을 내버려 둘 수는 없었다. 그는 으르렁거리면서 순사들에게 죄수를 한 번 더 때리라고 명령했다.

밖에서 노인을 때리는 동안 법정 안에는 정적이 감돌았다. 그리고 또다시 그 노인이 질질 끌려 들어왔다. 군수는 마지막으로 시도하였다. 그는 잔뜩 핏대를 세워 거칠게 소리 질렀다.

"이 바보 같은 자식! 지금 항복하겠느냐, 아니면 내 손에 죽겠느냐?"

이번에는 순사가 그 말을 반복하지 않았다. 다만 거의 죽은 노인이 대답하기를 기다렸다.

노인에게서 희미한 목소리가 흘러나왔다.

"설령 죽는다고 해도 저는 할 수 없습니다. 하나님께서 저를 도와주실 것입니다!"

군수는 자리에서 벌떡 일어나 저주를 퍼부었다.

"이런 고집불통에게는 아무것도 소용이 없겠다. 끌고 나가 집으로 돌려보내라!"

그러고 나서 군수는 도망치듯이 자신의 방으로 들어갔다.

찬성이 보기에도 박 노인은 거의 죽은 사람처럼 얼굴이 창백했고, 피로 얼룩진 손을 꽉 쥐고 있었다. 찬성도 일어나 도망치듯 그곳을 빠져나왔다. 그는 눈앞에 벌어진 광경을 잊을 수 없었다. 교회의 첫 번째 순교자가 돌을 맞으면서 하늘을 향해 기도할 때 옆에서 사람들의 옷을 받아들고 지켜보던 청년 사울처럼, 찬성은 자기 눈앞에서 벌어진 그날의 사건을 떨쳐 버릴 수가 없었다.

16
찬성의 결심

여섯 달 후, 덕천 군수는 평안남도 도지사로 승진하여 평양으로 거처를 옮겼다. 찬성은 수내의 친구들과 헤어지게 되어 몹시 서운했다. 그러나 예 노인의 권유와 도지사의 간청으로 찬성도 평양으로 가기로 했다.

찬성과 도지사 일행이 평양에 막 도착했을 무렵, 평양 시내는 러일전쟁을 눈앞에 두고서 긴장이 매우 고조되어 있었다. 온갖 소문들이 무성했다. 김상조 도지사는 이러한 어려운 상황 가운데 직무를 시작했다. 그런데 한 주가 채 지나기도 전에, 일본이 전쟁을 선포하고 제물포항에서 러시아 배 두 척을 침몰시켰다는 깜짝 놀랄 만한 소식이 전해졌다.

평양시는 크게 술렁이기 시작했다. 러시아 군대가 북쪽에서 한국을 침공하고 일본 군대가 서울에서 북쪽으로 진격해 올라온다는 보고가 들어왔다. 모두가 두려움에 떨었다. 사람들의 기억 속에서 10년 전에 겪었던 청일전쟁의 무서움이 새롭게 되살아났다. 사람들은 피난길에 올랐고, 사회 전체가 공포에 휩싸였다.

당시 그리스도인들은 서로 연합하고 있었다. 장대현 언덕 위에 있는 큰 종이 울렸다. 밤마다 남성들을 위한 대규모 집회가 열렸다. 선교사들도 연합하여, 한국 사람들에게 자신들의 집에 머물면서 식구들을 돌보라고 일렀다. 선교사들은 미국 대사가 그들을 위해 보내 준 군함을 타고 떠나는 것도 거절하면서 모범을 보였다.

마포삼열 선교사는 집회에 참석한 교인들에게 언제나 다음과 같이 조언했다.

"하나님을 믿으면서 집에 머물러 계십시오. 젊은 여성들만 시골로 보내십시오. 무슨 일이 생기든 그들을 보호해야 합니다. 제가 처음부터 여러분에게 그리스도를 위해 어떤 모욕도 감당해야 한다고 말하지 않았습니까? 그러나 여러분의 아내들과 딸들이 위험에 처한다면 온 힘을 다해 저항하십시오. 하나님께서 함께하실 것입니다."

이러한 집회는 곧바로 효과가 나타났다. 사람들은 그리스도인들이 하는 대로 집에 남아 있었다. 밤마다 중앙교회에 더 많은 사람들이 모였다. 그리스도인들은 이러한 기회를 놓치지 않고, 믿지 않는 이웃들에게 이렇게 위험한 때에 예수님을 믿어야 한다고 강권하였다.

평양에는 큰 부흥이 일어나기 시작했다. 찬성도 집회에 관한 소식을 들었다. 찬성은 어떤 집회인지 궁금했다. 그래서 무엇을 어떻게 하는지 구경 가기로 마음먹었다. 사람들이 교회의 예배당을 가득 채우고 있었다. 안내하는 사람들 중 누군가가 찬성을 알아보고는 군중을 뚫고 그를 위해 자리를 마련해 주었다. 남자들이 거의 1,500명이나 있었다. 찬성은 이토록 인원이 많은데도 흐트러지지 않고 질서 정연한 모습에 감동을 받았다.

외국인 선교사들 중 하나인 이(그레이험 리, Graham Lee, 한국 이름은 이길함이다) 목사가 집회를 인도했다. 이 목사는 마포삼열 선교사와 함께 교회를 섬기는 목회자였다. 찬성의 옆에 앉아 있는 사람이 찬성에게 그가 3년 동안 주일에 찬송을 인도했다고 이야기해 주었다.

어느 젊은 선교사가 찬송을 인도했고, 평양 기독학교에서 온 여덟 사람이 함께 찬송을 불렀다. 회중도 그들의 화음을 따라 후렴구를 같이 부르면서 모두가 어우러져 찬송을 드렸다. 찬송이 끝나자 한국인 장로가 기도를 했다. 너무나 신기하게도 그는 마치 하나님과 직접 대화하듯이 말하고 있었다.

그러고 나서 이 목사가 설교하기 시작했다. 찬성은 외국인이 한국말을 자유자재로 능숙하게 구사하는 모습을 보고서 다시 한 번 놀랐다. 외국인 선교사는 단어와 문장들을 명확하게 말했을 뿐 아니라, 일상생활 속에서 쓰는 한국의 속담들도 쉽게 이야기했다. 어린아이까지도 설교를 쉽게 이해할 만했다.

이 목사의 목소리는 낭랑했을 뿐만 아니라 위대한 웅변가의 영혼을 지닌 듯 힘차고 설득력 있었다.

1,500여 명의 사람들은 그의 설교에 귀를 기울였고, 그가 선포하는 말씀이 큰 예배당에 불길처럼 번져 갔다.

찬성은 지금까지 그런 이야기를 들어 본 적이 없었다. 설교자가 마치 찬성을 바라보면서 말하는 것 같았다. 말씀 하나하나가 마음을 사로잡았다. 설교자는 자신이 직접 느끼고 경험한 사실을 진심으로 이야기하는 것 같았다. 또한 그 사실들이 모든 사람에게도 진리로 적용되는 듯했다.

그는 죄로 인해 저주받은 비참한 세상과 멀리 도망치는 불쌍한 죄인, 그리고 죄에 대한 인식과 죄의 결과에 관해 계속 설명했다. 또한 죄를 저지르고 그 결과로 잃어버린 바 된 자녀들을 아버지가 얼마나 사랑하는지 이야기했다. 찬성은 자신의 아버지를 떠올리면서 눈물을 흘렸다. 그다음으로 하나님께서 자기 아들인 예수님을 사람들에게 선물로 주신 이야기가 이어졌다. 그리고 마지막에는 예수님이 십자가에서 끔찍하게 죽으심으로써 하나님께서 죄인들을 용서하시고 무한한 사랑으로 받아 주신다는 놀라운 이야기를 들려주었다.

찬성은 오랫동안 자신의 무거운 죄에 대한 부담을 지고 다니느라 지쳐 있었다. 그런데 이 목사는 어떠한 죄를 지었든 간에 하나님의 아들인 예수를 믿으면 용서를 받게 된다고 말했다. 또한 그 영혼에 놀라운 구원의 기적이 일어난다고 이야기했다. 찬성은 그 말씀을 듣는 순간, 지금까지 배운 모든 가르침을 내던지고 예수님을 믿기로 결심했다.

믿음은 참으로 놀랍다. 성경은 믿음이 들음에서 난다고 말한다(롬 10:17 참고). 그러나 믿음은 듣는 것으로 끝나지 않는다. 사람들은 복음에서 과거에 자신들이 경험한 삶을 발견하고, 지금 그 복음이 필요하다는 것을 깨닫고서 그것을 받아들인다. 또한 그 복음이 참으로 진리임을 믿기 때문에 그 복음을 전한다.

예수님을 받아들이는 초청의 시간이 되자, 찬성은 일어나 앞으로 걸어 나가 간단히 고백했다.

"나는 예수님을 믿기로 작정하였습니다."

그날 밤에 모인 그리스도인들에게는 큰 기쁨이 있었다. 다른 많은 사람들도 예수님을 믿기로 작정했고, 모두가 기뻐했다. 그들은 무엇보다도 특별히 하나님께서 그날 밤에 그들 가운데 전능하신 능력을 베푸신 것을 기뻐했다.

많은 사람들은 그날 밤에 열린 집회에서 사람들이 회심하고 예수님을 믿기로 작정한 것이 놀라운 열매임을 의심하지 않았다. 그리고 능력 있는 설교자와 위대한 말씀이 많은 사람들이 회심하는 데 큰 역할을 했다고 믿었다.

그러나 찬성은 알고 있었다. 또한 우리도 알고 있을 것이나. 이 집회는 하나님의 놀라운 역사의 한 부분일 뿐이었다. 지난 여러 달 동안 찬성의 마음속에는 도저히 잊을 수 없는 한 장면이 각인되어 있었다. 늙고 머리가 희끗희끗한 노인이 피투성이가 된 채 군수의 법정에 엎드려 있는 모습이었다. 그 노인은 끊임없이 무언가를 보여 주고 말해 주고 있었다. 노인 안에는 세상 사람들에게는 없는 놀라운 무언가가 있었다. 그것은 바로 성령이었다. 찬성은 지금까지 그토록 놀라운 광경을 본 적이 없었다. 그 노인 안에 계신 성령은 그로 하여금 고통과 부끄러움과 죽음의 두려움을 뛰어넘게 해 주셨다.

찬성은 군수의 법정에 있던 자신의 모습이 부끄러웠다. 그는 날이 갈수록 그 노인에게 다른 사람이 가지고 있지 않은 힘이 있었다는 것을 더욱 확신해 갔다. 찬성은 자신도 모르는 사이에 그 노인에게서 보았던 성령과 그분의 능력을 구하고 있었다. 그리고 그날 밤에 비로소 그것을 발견하게 되었다.

17
새로운 길

찬성은 집회를 마치고 돌아오면서, 사람들이 그리스도인이 된 자신을 비난하며 조롱할 것이라고 생각하고 마음을 단단히 준비했다. 도지사 사무실에 도착하자, 동료들과 다른 여러 사람들이 찬성을 만나기 위해 기다리고 있었다. 도지사도 놀란 모습으로 찬성을 기다리고 있었다.

"찬성 군, 오늘 밤에 자네에 관한 소식을 들었네. 자네가 그리스도인이 되기로 결심했다고 하던데, 그것이 사실인가?"

"예, 오늘 밤에 저는 그리스도인이 되기로 결심했습니다."

찬성은 조용히 대답했다.

"그렇군. 솔직히 나는 별로 놀라지 않았다네. 혹시 자네, 우리가 지난번에 덕천 법정에서 매질했던 노인을 기억하는가? 나는 결코 그 일을 잊을 수가 없다네. 살아 있는 어떤 종교의 진리가 그를 이끌어 그렇게 행동하도록 한 것 같네. 나는 여기 와서도 그리스도인들의 특징에 대해 조사해 보았네. 모두들 건전하고, 법을 잘 지키는 사람들이더군. 나 역시 믿고 싶은 마음이 있네."

"그 말씀을 들으니 너무 기쁩니다! 저는 어르신께서 화를 내시고 저를 쫓아내시지 않을까 걱정했습니다."

"그런 염려는 하지 말게나. 나는 자네가 전과 다름없이 계속 나의 서기로 일해 주기를 바라네."

찬성은 대답했다.

"저도 계속 일하는 것에 관해 생각해 봤습니다. 어르신의 친절에 무어라 말할 수 없을 만큼 깊이 감사합니다. 그러나 아무래도 불가능하지 않을까 싶습니다. 저는 그리스도인으로서 주일을 지켜야만 합니다. 그러니 어떻게 주일날 어르신의 사무실을 지키겠습니까?"

도지사는 대답하기가 조금 곤란한 듯했다. 대답하기 위해 말문을 열었으나, 그저 찬성에 대한 마음만을 전할 뿐이었다.

"자네가 스스로 결정해야 할 것 같네. 아마도 다른 사람들은 자네가 오늘 밤에 내린 결정을 들먹이면서 자네를 비난할걸세. 그렇지만 내가 자네의 친구라는 것을 확실히 기억하기를 바라네. 나는 언제나 자네가 잘되기를 바라네."

도지사의 말을 듣던 찬성은 도지사에게 복음을 전하고 싶다는 생각이 들었다.

"어르신, 제가 무례하다면 용서해 주십시오. 어르신께서 이렇게 친절히 대해 주시니 용기가 생겨 말씀드립니다. 저는 오늘 밤에 금세 사라질 일시적인 감정에 휘둘려 예수를 믿겠다고 결심한 것이 아닙니다. 하나님은 죄 많은 사람들을 위해 참으로 자기 아들을 이 땅에 보내 죽게 하셨다고 합니다. 바로 제가 죄인 중에 죄인입니다. 저는 그분을 믿을 수밖에 없습니다. 어르신도 믿고자 하는 마음이 있다고 하셨습니다. 그렇다면 지금 저와 함께 교회에 나가겠다고 말씀해 주십시오."

도지사는 잠시 침묵하다가 대답했다.

"그럴 수는 없네. 지금은 도저히 그럴 수가 없어. 도지사인 내가 어떻게 그리스도인이 될 수 있겠는가? 나중에 언젠가는 그럴 수도 있겠지만, 지금은 아니야."

앞선 수많은 그리스도인들처럼, 찬성도 그리스도인으로서 신앙을 지키면서 살기 위해 도지사 서기직을 포기했다. 그는 도지사 관사를 떠나 어느 그리스도인의 가정으로 들어갔다.

예수님을 알지 못하는 나라에서 그리스도인이 된다는 것은, 예수님을 믿는 나라에서보다 훨씬 어려운 일이다. 룻이 나오미에게 "어머니의 백성이 나의 백성이 되고 어머니의 하나님이 나의 하나님이 되시리니"(룻 1:16)라고 말했듯이, 찬성이 그리스도인이 된다는 것은 친구와 동료 관계가 완전히 변한다는 것을 의미했다.

서기직을 포기한 후 잠시 동안 찬성은 별다르게 하는 일 없이 지내야 했다. 다만 찬성은 온 마음을 다하여 성경을 공부하기 시작했다. 찬성처럼 지식적으로나 정신적으로나 예비된 사람이 예수님을 믿는 경우는 드물었다. 평소에도 학자 같던 그에게 성경을 연구하는 것은 순수한 기쁨이었다. 며칠 동안 그는 복음을 먹고 마시는 것 말고는 아무것도 하지 않았다. 그는 성경을 읽을 뿐 아니라 친구들과 함께 성경에 대해 토론하였다. 찬성은 기억력이 아주 뛰어난 데다가 온 맘과 힘을 다해 성경을 공부한 덕분에, 짧은 시간 안에 서양 그리스도인들이 평생 읽은 분량보다 더 많은 성경을 읽고 외울 수 있었다.

18
숙천 성경 공부

    한편 침략 세력들이 평양으로 점점 더 다가오고 있었다. 러시아 기병들이 평양 북쪽 가까이 있다는 보고가 있었고, 바로 그날 일본군 시위대가 평양에 들어왔다. 실제로 러시아 군인 몇 명은 성벽 가까이에 이르렀다. 일본군은 그들을 보자 일제히 총격을 가하기 시작했다. 일본군 기마병 한 무리가 성문을 열어젖히고 달려 나가 적들을 쫓는 장면은 정말 장관이었다. 전쟁이 진행되는 동안 때때로 러시아 군인들이 더 용맹한 듯 보이기도 했으나, 러시아 군인들이 언덕 너머로 사라지면서 그런 생각도 함께 사라져 버렸다. 평양에서는 더 이상 그들을 볼 수 없었다.

    그로부터 며칠 동안 일본 군인들은 피곤한 발을 이끌고 길게 줄지어 남쪽에서 강의 동쪽 제방을 따라 주교(舟橋, 배다리)를 건너 시내로 들어왔다. 군인들은 모두 민가에 투숙하였다. 군인들의 짐과 대포들은 기독학교

마당에 온통 흩어져 있었다. 그러나 그들은 놀라울 정도로 조용했다. 간혹 나팔 소리만 들릴 뿐이었다. 일본 군인들은 흥청대거나 무법하게 행하지 않았다. 아직 겪어 보지 않은 러시아군을 맞게 될 일본군 전위 부대는 모두 굳은 얼굴로 행진했다. 자신들이 죽음을 무릅쓰고 전투에 임해야 함을 아는 듯했다.

군인들이 점점 진군해 오자, 중앙교회에서 열리던 집회들이 중단되었다. 찬성은 며칠 동안 시내에 머물렀으나, 숙천으로 와서 길 장로와 친한 친구의 집에서 공부하라는 초대를 받고서 그러기로 했다.

찬성은 칠성문으로 빠져나가 계자 숲이라고 불리는 소나무 숲을 지나다가 수백 명이 나무 아래 모여 있는 광경을 보았다. 찬성은 깜짝 놀라 숲에서 나오는 사람을 붙들고 무슨 일인지 물어보았다. 그들은 그리스도인들과 외국인들을 미워하는 동학교도들이었다. 그들은 평양에서 전쟁이 일어나 혼란스러워지면 그 틈을 타 외국인 선교사들을 공격하고 한국인 그리스도인들을 죽이려고 계획하고 있었다. 그러나 평양에서 전쟁은 일어나지 않았고, 그들의 계획은 실행되지 못했다.

조금 더 가다가 찬성은 피난하는 사람들 한 무리를 만났다. 그들은 그리스도인이었다. 그들 중 몇 사람이 찬성을 알아보았다. 모두가 전쟁을 피해 잠시 평양을 떠나는 길이었다.

그 무리에는 젊은 여자들도 몇 명 있었는데, 천화도 함께 있었다. 천화는 숙천 근처에 사는 숙모에게 가서 얼마 동안 머물 계획이었다. 그녀의 숙모 고 씨도 몇 년 전에 회심하고 그리스도인이 되었다.

두말할 것 없이, 찬성은 천화를 알아보지 못했다. 마찬가지로 천화도 그를 알아보지 못했다. 당시 한국에서는 젊은 여자들에게 낯선 젊은 남자를 소개하지 않았다. 설령 찬성이 천화와 인사했다 하더라도, 둘은 서로를 알아보지 못했을 것이다. 이름도 바뀌었을 뿐 아니라, 찬성은 천화가 죽은 줄로만 알았기 때문이다. 게다가 예전에는 소녀였던 천화의 모습이 이제 많이 변해 버렸고, 찬성도 태평동에서 보았던 소년의 모습과는 많이 달라져 있었기 때문이다.

실제로 찬성은 자신의 아내를 거의 알아보지 못했다. 그는 그저 천화를 특별한 매력을 가진 교양 있는 젊은 여성으로 보았다. 그리고 그녀가 어떻게 숙천까지 걸어갈 수 있을지 궁금해했다.

이 그리스도인 친구들은 자신들도 숙천으로 간다면서 찬성에게 동행하자고 했고, 찬성도 기꺼이 그러기로 했다. 그들은 즐겁게 함께 걸어갔다. 한국의 관습대로, 남자들이 앞장서고 여자들이 뒤따랐다. 우리가 때때로 아무것도 모른 채 삶의 중요한 순간에 이르듯이, 이들도 모두 그렇게 극적인 순간을 향해 나아가고 있었다.

찬성이 천화를 알아보지 못한 것처럼, 천화도 찬성을 알아보지 못했다. 천화는 뒤에 있었기 때문에 분명 찬성을 지켜보기에 좋은 위치에 있었다. 그녀는 사람들에게서 찬성의 놀라운 회심 이야기를 들을 수 있었고, 멀리서 몇 번이나 그를 보기도 했다. 더욱이 그가 다른 사람들과 진지하게 이야기할 때면, 그의 목소리가 왠지 친근하게 느껴졌다. 그녀는 아무도 눈치채지 못하게 그의 얼굴을 더욱 자세히 보고 싶었다.

그의 이름이 한찬성에서 예찬성으로 바뀌지 않았더라면, 여러 해를 지나는 동안 아무리 큰 변화가 있었다 해도, 어쩌면 그녀의 마음에 이 흥미로운 낯선 사람에 관한 어떤 의구심이 일어났을지도 모른다.

더욱이 평양의 그리스도인들은 이 새로운 회심자인 찬성의 고결한 성품에 감동을 받아, 그를 찬성이라는 이름으로 부르기를 주저하였다. 처음부터 그들은 그를 존경하여 한국의 좋은 관습대로 '선생'이라 불렀고, 그것이 곧 그의 직함이 되었다. 그래서 '예 선생'이라는 호칭을 듣고서는 도무지 태평동에서 일어난 일을 떠올릴 수가 없었다.

그리고 천화 역시 여학교에서 학생들을 가르치는 까닭에, 평양에서 온 그녀의 친구들은 모두 그녀를 '박 선생'이라고 불렀다. 그러니 서로를 알아보기란 불가능했다.

숙천이 가까워지자 그들은 서로 헤어져 저마다의 길을 떠났다. 천화와 그녀의 친구들은 고 씨의 집으로 갔다. 그리고 천화와 헤어진 찬성은 밭을 지나 마을 옆에 있는 길 장로의 친구 윤 조사의 집으로 갔다. 윤 조사는 숙천교회를 맡고 있었다.

윤 조사의 가정은 찬성을 뜨겁게 환영했다. 누구나 다 환영받았겠지만, 특히 찬성은 그들이 가장 사랑하는 길 장로가 보낸 사람이라서 배로 환영받았다.

윤 조사의 어머니는 찬성을 보자마자 마음에 들어했다. 나이 든 어머니의 얼굴에 떠오른 따뜻한 미소는 마치 햇살 같았다. 어머니는 두 아들인 윤 조사와 그의 동생 윤제수에 더하여 찬성을 또 하나의 식구로 맞아들였다. 윤 조사의 아버지는 거의 구십 세에 가까웠고, 귀가 거의 들리지 않았다. 그는 부엌 아궁이 근처 따뜻한 구석을 좋아해서 하루 종일 그곳에 앉아 새끼줄을 꼬아 짚신을 만들었다.

  어머니와 두 아들은 아버지 윤 씨가 너무 나이가 많아서 기독교에 전혀 관심을 두지 않는 것을 가장 슬퍼하였다. 그는 가족들이 예수 믿는 것에 관해 설명할 때마다, "뭐? 뭐라고? 무슨 말인지 몰라!" 하고 대답했다. 그는 마치 다른 시대를 살아온 오래된 화석 같아 보였다.

  2월은 한국 교회에서 성경 연구반이 열리는 특별한 달이다. 한국의 그리스도인들은 대부분 농부였다. 그들은 몇 주 전에 타작 마당에서, 추수기에 거두어들인 곡식의 낟알을 떨구어 냈다.

  봄이 시작되기 바로 직전인 2월에는 땅에서 얼음이 녹아내리고, 상인들도 어느 때보다 한가롭게 지낸다. 특히 2월 1일은 음력으로 계산하여 정월 초하루가 되는 날이었다. 수세기 동안 이어서 내려온 관습에 따라, 음력으로 맞이하는 새해의 처음 몇 주간을 모두가 쉬면서 보냈다.

  매우 자연스럽게 한국의 그리스도인들은 이 기간에 성경을 공부하는 특별한 시간을 가졌다. 한국에 있는 거의 모든 교회가 한 주나 열흘 동안 불필요한 일들을 전부 제쳐 두고 온 교인이 함께 모여 성경을 공부했다.

  찬성이 도착했을 때, 바로 숙천 성경 공부반이 시작되었다. 이튿날 아침, 찬성은 윤 씨 형제와 그들의 어머니와 함께 교회에 갔고, 윤 노인은 집을 지키고 있었다. 사실 그가 믿지 않아서라기보다는 성경 공부를 하는 동안에 누군가가 집에 남아 있는 것이 편했기 때문이었다.

성경 공부가 시작되기 전에 30분 동안 기도회를 했다. 그러고 나서 사람들은 반별로 나뉘어 아침에 두 시간, 오후에 한 시간씩 공부를 하였다. 오후 3시에는 다시 모여 몇 분 동안 함께 기도를 했다. 그러고는 모두 밖으로 나가 안 믿는 이웃에게 말씀을 전했다. 적어도 저녁을 먹기 전까지 한 시간 동안은 복음을 전했다. 밤에는 교회의 직원들 중 한 사람이 설교하였다. 믿지 않는 자들을 위한 말씀을 전했고, 이어서 예수님을 믿으라고 촉구하였다.

찬성은 이 성경 공부반이 정말 즐거웠다. 저녁에는 윤 조사의 집에서 그날 한 공부에 관해 토론했다. 아침부터 밤까지 사람들은 오로지 하늘의 것에 관해 대화했다.

19
천화를 구한 찬성

토요일, 성경 공부반의 마지막 날이었다. 그날 밤에는 모임이 없었다. 윤 조사네 식구들은 즐거운 저녁 시간을 보내고 있었다. 윤 조사는 찬성에게 요한복음의 어려운 구절들에 관해 설명하고 있었다. 그때 급히 뛰어오는 발소리가 들렸다. 곧이어 작은 소년 하나가 갑자기 문을 열고 들어와 기진 맥진하여 바닥에 쓰러졌다. 그 소년을 보고 윤 씨의 어머니가 소리쳤다.

"고 씨의 아들 예치가 아니냐!"

소년은 일어나 울면서 말했다.

"아이고! 무, 무서운 일이 일어났어요! 우리가 저녁을 먹고 있는데 웬 남자들이 집을 부수고 들어와 어머니의 머리를 때리고는, 흑흑, 그리고 박 선생님을 데리고 갔어요. 흑흑흑!"

남자들은 얼른 서로 바라보았다. 무슨 일이 일어났는지 쉽게 알 수 있었다. 예수를 믿지 않는 불한당들이 나라가 혼란한 틈을 타 그들이 늘 하던 대로 무방비 상태인 집에 쳐들어가 나이 든 여인을 때려눕히고 젊은 여자를 붙잡아 가서는 그들의 악한 목적을 이루려 하는 것이었다. 그런데 그들은 소년이 있다는 사실을 간과했다. 그래서 아이가 무사히 탈출할 수 있었던 것이다.

"아이고! 아이고! 이 일을 어쩌면 좋으냐! 어떻게 해?"

어머니는 흐느끼며 울었다. 그러자 윤 조사가 단호하게 대답했다.

"진정하세요, 어머니. 우리가 반드시 구해 내야지요. 우리는 예수님을 믿는 자이니 예수님의 이름을 위하여 모든 고통을 받아야 합니다. 그러나 이렇게 약한 자를 지키기 위해 싸워야 할 상황을 만났을 때는 싸우는 것이 또한 우리의 의무입니다."

찬성도 열정적으로 말했다.

"예, 저도 며칠 전에 마포삼열 목사님께서 말씀하시는 것을 들었습니다. '만약 여러분의 아내와 딸들이 위험에 처하게 되면, 모든 힘을 다하여 저항해야 합니다. 하나님께서 여러분과 함께하실 것입니다!'라고 말씀하셨습니다."

윤 조사는 말했다.

"교회로 가서 도움을 구할 시간이 없습니다."

그리고 소년을 향해 물었다.

"거기에 몇 명이나 있었느냐?"

"적어도 스무 명은 됩니다."

소년은 여전히 울면서 대답했다.

"숫자는 중요하지 않아. 자, 가세. 뒤쫓아가서 그들을 붙잡아야 하네. 모두 몽둥이를 가지고 나를 따르게."

윤 씨 형제는 그 마을을 구석구석 훤하게 알고 있었다. 그들은 소년이 가르쳐 준 방향으로 빠르게 뛰기 시작했고, 찬성도 온 힘을 다해 뒤쫓아갔다. 한참을 달렸을까? 그들이 좁은 골목길을 빠져나오자 멀리서 사람들의 목소리가 들렸다. 악한 무리들이 분명했다.

찬성의 머리에 불이 확 스쳐 갔다. 그는 앞으로 훌쩍 뛰어 달려가면서 소리쳤다.

"그들이 여기 있어요! 그들이 여기 있어요! 이 악당들아, 그 여자를 내려놓아라! 그 여자를 놓아주어라, 이 악당들아!"

다른 사람들도 찬성을 따라가면서 있는 힘을 다해 소리쳤다.

"그 여자를 내려놓아라, 이 악당들아! 놓아주어라!"

그들은 잠시 주춤하더니, 고함을 치면서 사방으로 흩어져 달아났다.

"그리스도인들이 몰려온다! 그리스도인들이다!"

50명이 넘는 숙천의 그리스도인들이 모두 나와 그들을 뒤쫓았다.

천화는 길가에 내버려져 의식을 잃은 채 가쁜 숨을 쉬고 있었다. 한 사람이 성냥불을 켰다. 조그만 불꽃 사이로, 눈을 감은 채 하얗게 질린 얼굴과 머리 한쪽에 흉하게 찢어진 상처가 드러났다.

"여기서 시간을 지체하지 맙시다. 그들이 언제 돌아올지 모릅니다."

그렇게 말한 윤 조사는 자신의 긴 겉옷을 벗으면서 지시하였다.

"자, 여기에 박 선생을 내려놓으세요. 제가 앞을 잡을 테니 여러분은 뒤에서 각각 한쪽씩 잡으세요. 가능한 한 빨리 우리 집으로 옮겨야 합니다."

그들은 더 이상 말하지 않고, 흩어진 물품들을 조심스럽고도 재빠르게 수습한 다음, 가능한 한 빠른 속도로 윤 씨의 집을 향해 출발했다. 가는 길에 천화는 한두 번 신음하였으나, 사람들이 그녀를 윤 씨 어머니의 침상에 누일 때까지 의식을 되찾지 못했다.

불빛이 환한 방에 들어서니 천화의 가여운 모습이 드러났다. 관자놀이 윗부분이 찢어졌고, 갈가리 찢긴 그녀의 옷은 피로 물들어 있었다. 그 악당들이 저항하는 그녀를 몽둥이로 때려 기절시킨 후에 질질 끌고 간 것이 틀림없었다.

찬성은 피로 얼룩진 그녀의 얼굴을 보자 갑자기 현기증이 났다. 잠시 동안 그는 옛날 태평동 자신의 집에 있는 듯한 느낌이 들었다. 자신에게 맞아 상처를 입은 어린 소녀가 붉은 피를 철철 흘리던 모습이 눈앞에 아른거렸다.

찬성은 갑자기 온몸에 힘이 쭉 빠지는 것 같아서 방에서 나와 하늘을 쳐다보며 걸었다. 그는 한동안 자기 영혼의 고통을 잊고 살았다. 그러다가 아버지 집에서 도망쳤던 그날 밤으로 되돌아가 그 고통을 뼈저리게 되새기게 된 것이다. 도대체 이 아름다운 여인이 누구이기에 그를 이처럼 뒤흔드는가?

그녀는 심각하게 다쳤는데도 아름다웠다. 어둠 속에서 그녀를 옮길 때,

찬성은 그녀에게 마음을 빼앗기고 말았다!

  찬성은 차가운 밤공기로 마음을 진정시킨 후에 다시 집으로 들어갔다. 천화는 의식을 되찾았지만, 매우 창백한 얼굴로 침상에 누워 있었다. 윤 조사의 어머니는 피 얼룩을 씻어 내고, 그녀의 윤기 있는 검은 머리카락을 뒤로 넘겨 주었다. 찬성이 방으로 들어오자, 천화는 눈을 뜨고 그를 바라보았다. 그녀의 핏기 없는 볼이 약간 발그레해졌다. 그녀의 입술이 움직였다.

"이리 오세요."

  천화가 나지막하게 말했다. 찬성이 그녀의 곁으로 다가가자, 그녀가 그의 눈을 똑바로 쳐다보면서 말을 이었다.

  "오늘 밤에 저를 위해 하신 일을 잘 알고 있습니다. 죽음보다 더 무서운 일에서 저를 구해 주셨습니다. 하나님께서 이 일로 당신에게 복을 주실 것입니다. 저 역시 결코 잊지 않을 것입니다."

  그러고 나서 천화는 눈을 감고 깊은 숨을 내쉬더니 이내 잠이 들었다. 찬성은 너무 감동을 받아 아무 말도 할 수 없었다. 그는 천화가 잠이 든 후에야 그 방에서 나왔다.

  사람들이 천화를 구해 올 때, 윤 조사의 동생인 윤제수는 소년의 어머니 고 씨가 어떻게 되었는지 살피기 위해 소년을 데리고 즉시 그 집으로 갔다. 다행히 고 씨는 금세 정신을 차리고, 이웃 사람들에게 그날 밤에 무슨 일이 일어났는지를 이야기하고 있었다. 고 씨는 조카 천화가 구출되었다는 소식을 듣자 말할 수 없이 기뻐했다. 천화는 죽을 뻔하다가 살아난 것이나 다름없었다. 그 불한당들은 자신들이 하려던 일이 얼마나 악한 일인지를 깨달아야 한다. 고 씨는 천화가 무사하다는 소식을 듣고서 그저 기쁘고 기쁠 따름이었다.

20
직장을 구한 찬성

천화는 그다음 날 하루 종일 윤 씨의 집에 있었다. 이날은 주일이었다. 아침 일찍 숙모 고 씨가 찾아왔다. 남자들이 평소처럼 교회에 가 있는 동안, 그녀의 숙모와 윤 조사의 어머니가 천화를 돌보았다.

찬성은 마음이 심란했다. 윤 조사가 인도하는 찬송에 집중하려고 애썼으나 또다시 천화의 얼굴이, 자신을 바라보는 그녀의 검은 눈동자가 눈앞에 아른거렸다. 그리고 어제 그녀가 한 말이 윤 조사의 설교를 밀어냈다.

"오늘 밤에 저를 위해 하신 일을 잘 알고 있습니다. 죽음보다 더 무서운 일에서 저를 구해 주셨습니다. 하나님께서 이 일로 당신에게 복을 주실 것입니다. 저 역시 결코 잊지 않을 것입니다."

이튿날 아침에 찬성은 평양으로 돌아갔다. 그리고 여러 달 동안 찬성은 천화를 다시 보지 못했다. 천화는 상처가 빨리 아물기는 했지만, 일본군 1

사단이 다 지나가기까지 숙천에 남아 있었다.

이제 찬성은 생계를 위해 무언가를 해야 했다. 결국 찬성은 길 장로를 찾아가 조언을 구했다.

"제가 무엇을 해야 할까요? 장로님도 아시다시피, 저는 평생 학자로, 그리고 글 쓰는 자로 살아왔습니다. 장사하는 일을 배워 본 적도 한 번도 없습니다."

길 장로는 탄식했다.

"그것이 바로 이 백성의 문제가 아니겠는가? 이 나라는 학자의 나라요, 글을 숭상해 왔지. 그래서 지금 같은 변화의 시대에 먹고 사는 문제가 이토록 어려운 것인지도 모르네."

찬성은 말했다.

"저는 몸이 튼튼합니다. 숙천에 있는 친구들이 저에게 땅을 주겠다고 했으니 차라리 농사를 짓는 것이 좋을 듯합니다."

길 장로는 잠시 생각하더니 말했다.

"아닐세. 우리에게는 자네가 필요하다네. 내가 마포삼열 목사님과 상의해 보겠네. 일단 상의하고 나서 나중에 보세."

마포삼열 목사는 사무실에 있었다. 그의 사무실 문 앞에 신발이 잔뜩 있는 것을 보니, 그날도 몹시 바쁜 날임에 틀림없었다. 마포삼열 목사의 비서는 목사님이 바쁘지 않은 날이 없다고 말했다.

그는 평양의 선구자적인 선교사이다. 그는 이 목사가 담임하는 중앙교회의 협동 목사였으며, 60개의 시골 교회의 목사였다. 그는 서울과 의주를

왔다 갔다 하면서 교회를 돌보았다. 그의 열정적인 선교 활동 덕분에, 사람들 사이에서는 "마 목사"가 모든 선교사를 지칭하는 일반적인 용어가 되어 버렸다. 그는 아직 사십 세가 채 안 되었는데, 그보다 열 살은 더 젊어 보였다.

마 목사는 길 장로를 발견하고는 방문객들 틈에서 일어나 친절히 맞이했다.

"어서 오세요, 길 장로님. 어쩐 일로 오셨습니까? 평안하시지요?"

길 장로는 모든 것이 평안하며 마 목사의 안부를 묻기 위해 들렀다고 대답했다. 서로 안부 인사를 나눈 후, 마 목사는 비서에게 길 장로를 안쪽에 있는 방으로 모셔 달라고 부탁했다.

"잠시 후에 제가 가 뵙겠습니다."

5분쯤 지나자 마 목사가 들어왔다.

"참 아름다운 봄날입니다!"

마 목사는 탄성을 질렀다.

"집 앞에 있는 배나무에 벌써 꽃봉오리들이 부풀어 올랐습니다. 그나저나 어젯밤 기도 모임에 참석하지 못해서 죄송합니다. 사람들이 많이 참석했습니까?"

"예, 어느 정도 모였습니다. 하지만 사람들이 더 많이 참석했으면 좋겠습니다. 800명이 채 안 되는 것 같았습니다."

마 목사가 말했다.

"그렇군요. 기도회를 더욱 강조해야겠군요. 저는 무엇보다 기도회가 가장 중요하다고 믿습니다. 그래서 유독 기도회를 좋아합니다. 그나저나 이 아침에 무슨 일로 저를 만나러 오셨습니까?"

"도지사 서기였던 예찬성의 일로 찾아뵈었습니다. 아시다시피 그가 지난 겨울에 회심하였습니다. 그는 능력이 뛰어나고 믿음직한 사람입니다. 그런데 도지사 서기 일을 그만두고 나서 아직까지 직장을 구하지 못하고 있습니다. 그런데 오늘 아침에 저를 찾아와 숙천으로 내려가 농사를 지을 생각이라고 말하더군요. 우리가 그를 도와줄 방법이 없겠습니까? 저는 그가 우리 교회에 큰 도움이 되리라 확신합니다. 그래서 문득 그를 새로 오신 선교사님들 중 한 분에게 한국어를 가르치는 교사로 채용하면 좋겠다는 생각이 들었습니다. 그럴 만한 자리가 있겠습니까?"

그러자 마 목사가 열렬히 대답했다.

"아! 그런 일이었습니까! 어제 언어위원회에서 저에게 현 선교사(Anna Lloyd)를 위해 적당한 교사를 한 명 찾아 달라고 부탁했습니다. 그녀는 지난주에 도착한 미혼 선교사입니다. 그 자리를 원하는 사람이 많기는 하지만, 예찬성만큼 믿음직한 사람은 없을 것 같군요."

그리하여 찬성은 한국어 교사가 되었다. 그는 한국어를 서양 언어와 맞추어 가는 작업을 시작하였다. 그것은 그가 가르치는 선교사들에게 매우 어려운 일이었다. 그래서 그는 날마다 오후와 저녁 시간에 스스로 더욱 열심히 공부하였다.

아마도 그해에 성경을 연구하는 일에서 찬성만큼 크게 발전한 한국 그리스도인은 없을 것이다. 찬성은 일 년의 학습 과정을 마치고 세례를 받기 전에 이미 신약성경을 여러 번 읽었다. 아직 한국어로 번역되지 않아 한문으로 되어 있던 구약성경도 많이 읽었다. 그는 복음서도 거의 외운 상태였다. 심지어 세례를 받기 전부터 그는 설교자로서 인정을 받았고, 수많은 소모임에서 설교해 달라고 요청받기도 했다.

세례를 받고 얼마 지나지 않아 찬성은 집사로 세워졌다. 그리고 예수님을 믿은 지 2년 만에 성경 공부를 인도하게 되었다. 이윽고 그는 강단에 설 수 있게 되었고, 자신의 차례가 되면 설교를 했다. 길 장로를 제외하면 찬성만큼 설교를 잘하는 교회 직원은 없었다. 회중도 그의 설교를 들으면서 매우 기뻐했다.

그는 길 장로처럼 생동감이 넘치는 웅변가는 아니었지만, 그의 설교에는 절대적인 확신에서 비롯되는, 마음에 직접 와 닿는 말씀의 능력이 있었다. 특히 그가 죄와 죄의 무서운 결과에 관해 설교할 때면, 그의 말이 듣는 자들의 마음에 깊이 새겨졌다.

21
마음의 전투

두 해가 흘렀다. 겉으로 볼 때는 이 젊은 지도자의 생활에 긴장이나 어려움이 없는 듯했다. 그러나 실제로 삶의 전쟁은 표면에 드러나지 않는 법이다. 숙천에서 돌아온 이후, 찬성의 마음속에서는 보통의 전쟁보다 훨씬 격렬한 싸움이 불같이 일어나고 있었다. 천화의 검은 눈동자가 자신을 바라보는 것 같기도 했고, 그녀의 핏기 없는 얼굴이 떠올랐다가 사라지기도 했다. 그녀의 부드러운 얼굴이 찬성의 뇌리에서 떠나지 않았다. 천화가 떠오를 때면 찬성은 아무것도 할 의욕이 생기지 않았다.

처음에 찬성은 천화의 가여운 모습과 그녀가 겪은 무서운 일로 인해 그녀를 연민하게 되었다. 그 후 한동안 그는 계속 천화를 생각하면서도 그것이 그저 연민의 마음인 줄만 알았다. 그러나 천화가 완전히 건강을 회복하여 때묻지 않은 여성스러움을 품고서 평양으로 돌아왔을 때, 찬성은 비로소 그녀를 향한 자신의 관심이 매우 커졌음을 깨달았다.

평양에서 그들은 같은 교회에 출석했고, 둘 다 학교에서 가르치는 일을 했다. 그러나 그들은 좀처럼 만날 수가 없었다. 당시 한국 문화에서는 서양처럼 젊은 남녀가 서로 만나는 일을 절대 생각할 수 없었다. 오로지 길을 오가다가 마주치는 일이 전부였고, 예배당 안에서도 남녀를 구별하여 앉았으며, 서로를 바라볼 수도 없었다.

그러나 천화는 찬성에게서 받은 도움을 잊지 않고 있다는 것을 그에게 전하기 위해 기회를 엿보았다.

찬성에게는 학교를 오가는 길에 천화를 만나는 것이 즐거운 일들 중 하나였다. 그들은 언제나 학생들과 함께 학교 길을 오고 갔다. 천화는 찬성을 볼 때면 감사하는 마음을 담아 가볍게 미소를 지으면서 고개를 약간 숙여 친절히 인사했다. 마치 꽃이 향기를 뿜어내는 듯했다. 이렇게 그녀를 만난 날이면, 찬성은 하루 종일 꿈속에서 정원을 거니는 것 같았.

찬성의 마음에는 천화에게 사랑을 고백하거나 청혼하려는 의도가 아직 없었다. 그저 만약 그들이 원한다면 둘 다 자유롭게 결혼할 수 있겠구나 하고 짐작할 뿐이었다.

그러나 지금까지 오랜 세월 동안, 찬성은 마음속으로 절대 두 번 다시 결혼하지 않으리라 생각했다. 찬성의 태도가 얼마나 확고한지, 친구들이 그에게 결혼하라고 권유하다가도 결국 그런 노력을 포기하고 말았다. 찬성 자신도 너무나 오랫동안 그런 생각을 확고하게 지키면서 살아온 까닭에 쉽사리 마음을 바꿀 수가 없었다. 하루가 다르게 마음이 흔들리고 천화에 대한 간절함이 더해 갔지만, 찬성은 그런 마음을 애써 거부하였다. 그러나 날이 가면 갈수록 그는 점점 더 커져 가는 홍수 속에 떠내려가고 있었다.

그렇다면 천화의 마음은 어떠했을까? 사람의 마음을 깊이 들여다보면, 때때로 깊숙한 곳에서 격한 충돌이 일어나는 것을 볼 수 있다. 최대한 부드럽게, 그리고 존중하는 마음으로 여인의 속마음을 가리고 있는 막을 잠시 살짝 거두어 보자. 그리하면 여인의 마음속 깊이 자리 잡은 갈등을 볼 수 있을 것이다. 사람은 누구나 자신의 마음속에서 일어나는 싸움을 외면할 수 없다.

천화는 이 남자에게 이끌리는 감정을 도무지 피할 수 없었다. 처음부터 천화는 이 남자의 얼굴에 마음이 끌렸다. 숙천에서 무서운 일을 겪은 그 밤, 그녀에게 찬성은 자신을 참혹한 운명에서 구해 준 구세주가 되었다. 함께 구한 다른 사람들도 있었지만, 천화의 마음에는 찬성만이 그때의 영웅으로 남았다.

그러나 처음에 찬성이 자신의 감정을 다친 여인을 향한 깊은 연민 정도로만 알고 있었듯이, 천화도 자신의 마음이 자신을 구해 준 사람에게 고마워하는 마음인 줄로만 알았다. 천화는 평양으로 돌아오면서 찬성을 만날 수 있다는 사실에 기뻐했다. 만약 한 번이라도 길에서 마주치게 된다면, 자신이 얼마나 고마워하는지를 그에게 전하고 싶었다.

그런데 날이 흐르고 몇 주가 지나는 동안 학교에 오가는 길에 자꾸 찬성을 마주치게 되자, 천화는 이것이 우연한 만남이 아닌 것을 깨달았다. 천화는 찬성의 얼굴에서 무언가를 숨기려고 애쓰는 감정을 읽었다. 그리고 자신의 마음을 들여다보았다. 그러고는 깜짝 놀랐다. 자기 마음에 찬성이 있었기 때문이다.

찬성은 마음의 충동을 억제하였다. 천화에 대한 관심과 즐거움이 자라는 것 자체가 나쁘기 때문이 아니라, 그런 마음이 자신이 결단한 삶에 어긋나기 때문이었다.

한편 천화의 경우는 달랐다. 그녀는 오랜 세월을 보내는 동안에도 남편이 죽었다고 생각하지 않았다. 사랑하는 남편이 어디엔가 살아 있으리라 믿으면서 날마다 그가 돌아오기를 기도하였다. 그런데 자신의 마음 은밀한 곳에서 다른 누군가를 생각하다니! 그녀는 그런 자신이 부끄러웠다.

그녀는 총명했다. 그녀는 찬성의 인사에 특별한 의미가 있다는 것을 알아차렸다. 그리고 자신도 길에서 찬성의 얼굴을 힐끗 쳐다보는 정도가 더 심해진 것을 깨달았다. 천화는 자신을 책망하고 눈물을 흘리면서 찬성을 자신의 삶에서 밀어내기로 결심했다. 천화는 되도록 그와 만나는 것을 피했다. 그리고 혹시 그를 만나더라도 서둘러 인사만 하고 지나쳤다. 찬성은 그녀의 숨김 없는 웃음을 더는 볼 수 없었다.

찬성은 당혹스러웠다. 혹시 자신이 천화를 화나게 했는지 걱정스러웠다. 그러나 아니었다. 천화가 두 번이나 자기를 피하는 것 같아 보이자, 찬성은 강단의 의자에 앉아 있다가 갑자기 얼굴을 돌려 천화를 바라보았다. 그러자 마침 그를 바라보고 있던 천화가 깜짝 놀라 눈을 아래로 내렸다. 천화의 얼굴은 붉게 물들었다.

찬성은 이해하기 시작했다. 그녀가 자신을 피하는 것은 마음이 없어서가 아니라 마음이 쓰이기 때문이었다. 그렇다면 무엇을 망설이겠는가? 이제 자신을 속이려고 애쓰는 것은 소용없는 일이었다. 그는 자신이 천화를 진심으로 사랑한다는 것을 알았다. 그녀가 자신을 신경 쓰고 있다는 사실을 알기 전까지 찬성은 사랑하는 마음을 억누르기 위해 애썼다. 그러나 이제는 마음 고생만 하고 있을 수는 없었다. 천화의 놀란 눈을 본 찬성은 결혼하지 않겠다는 수년 동안의 결심을 무너뜨리기로 작정했다.

찬성은 길 장로를 찾아갔다.

"장로님은 저에게 아버지와 같은 분이십니다. 오늘 장로님께 조언을 구하고자 이렇게 찾아뵈었습니다. 장로님은 제가 왜 결혼하지 않는지 궁금하셨을 것입니다. 저는 한 번 결혼했습니다. 그러나 제 아내는 아주 슬픈 상황으로 인해 죽었습니다. 그리고 저는 다시는 결혼하지 않겠다고 결심했습니다. 그런데 예기치 못하게 결혼하고 싶은 마음이 제 삶에 들어왔습니다."

찬성은 여기까지 말하고는 주저하였다.

"다시 결혼하고 싶습니다. 저를 도와주실 수 있습니까?"

길 장로는 친근하게 웃으면서 대답했다.

"그럼, 도와주지. 그런데 자네는 누구와 결혼하고 싶은지 나에게 말하지 않았네."

"제가 아직 말씀드리지 않았군요. 저는 박 선생과 결혼하고 싶습니다."

그러자 길 장로가 말했다.

"그건 안 되네. 내가 미처 몰랐군. 왜 나에게 먼저 상대가 박 선생이라고 이야기하지 않았는가?"

길 장로의 음성은 무거웠다.

"자네 마음을 박 선생에게 이토록 다 줘 버려도 된다고 생각했는가? 아무도 자네에게 말하지 않았단 말인가?"

찬성이 큰소리로 물었다.

"그게 무슨 말씀이십니까?"

길 장로는 그의 목소리에 깜짝 놀랐다.

"아니, 이거 정말 큰일이군. 자네는 자신을 절제해야 하네. 잘 듣게. 천화는 정말 귀엽고 아름다운 여자일세. 그러나 그녀는 자네뿐만 아니라 다른 사람과도 결혼할 수 없다네. 그녀에게는 이미 남편이 있어."

찬성은 신음하듯 물었다.

"살아 있습니까?"

"그럼, 살아 있지. 그러니, 자네는 마음을 굳게 다잡고, 그런 생각을 지워 버리게."

그러나 찬성은 듣지 않았다. 그는 울부짖었다.

"오! 하나님, 제게 너무 가혹한 형벌입니다. 이 일은 제가 감당하기에 너무나 큽니다!"

찬성은 길 장로의 손을 뿌리치고 일어나 방을 뛰쳐나갔다. 그날 밤, 찬성의 마음에는 가장 격렬한 싸움이 벌어졌다.

길 장로는 찬성을 따라가 보려고 하다가 마음을 바꾸었다. 대신 큰 충격을 받은 찬성을 위해 무릎을 꿇고 전심을 다해 기도했다.

"주여! 주께서 이 청년을 주님께로 부르셨습니다. 지금 함께하여 주시고 그를 도와주셔서 이 싸움에서 이기게 해 주옵소서."

그리고 하나님은 이 기도를 확실히 들으셨다.

다음 날 아침, 찬성은 다시금 길 장로를 찾아왔다. 밤새 고민했는지 그의 얼굴에는 핏기가 없었고, 고단해 보였다. 그러나 그는 마음의 격정을 가라앉히고 승리하였다.

"어젯밤에 제가 한 행동이 정말 부끄럽습니다. 마귀가 다시금 제게 가까이 다가와 공격했지만, 하나님께서 제가 승리할 수 있도록 도와주셨습니다. 하나님께 감사드립니다. 하나님께서 제가 떠나지 못하도록 저를 붙드셨습니다."

22
광산 사업에 투자한 예 노인

비록 예 노인과 부인 양 씨가 힘을 합해 강권하여 찬성을 평양에 보냈지만, 그들은 마음에 사무치도록 그를 그리워했다. 여인숙에서 그를 양자라고 소개했던 그 첫날이 그들에게는 평생에 가장 행복한 날이었다. 그들은 찬성과 함께 있는 동안 행복했다. 수년 동안 자식 없이 지내던 노부부는 어디로 가야 할지 몰랐던 찬성에게 자신들의 가정과 삶을 내주었다.

찬성은 진심으로 고마워하면서 자신이 진 빚을 갚기 위해 낳임없이 노력했다. 처음부터 찬성은 예 노인을 존경하는 마음으로 "어르신"이라고 높여 불렀으며, 양 씨에게는 더욱 친근하게 "어머니"라고 불렀다.

수내에 있는 집에 행복이 미소 지으며 찾아왔다. 샘을 터 끌어온 물은 온 동네의 논밭으로 골고루 흘러 들어갔다. 별로 이득을 내지 못하던 콩밭과 조밭이 가치 있는 쌀을 생산하는 논으로 빠르게 바뀌었다. 그 와중에 예 노인은 가장 운이 좋은 사람들 중 하나가 되었다. 부자는 아니더라도 살림이 넉넉해졌고, 안정되고도 평안하게 살기에 충분했다. 그래서 그는 찬성에게 늘 고마워했다.

찬성은 그리스도인이 되고 난 후 수내에 있는 친구들에게 편지를 써 자신이 새롭게 경험한 것들을 소개하고, 전도 책자와 복음서도 많이 보냈다. 그러나 편지를 통해 친구들에게 '십자가의 비밀'을 쉽게 설명하기란 어려웠다. 예 노인은 의례적으로 관심을 가지고 찬성에게 답장을 하긴 했으나, 자신이 너무 늙은 탓에 새로운 가르침을 이해할 수 없어서 걱정이라고 적어 보냈다.

찬성은 한국어를 가르치는 일에 지장을 주지 않는다면 수내에 한번 가 보고도 싶었다. 그러나 그는 자신이 가는 대신 자신을 키워 준 양아버지가 평양을 방문하도록 설득하였다. 그는 아름다운 평양의 모습과 언덕 위에 있는 큰 교회의 모습, 많은 신자들을 불러 모으는 쇠로 된 커다란 종 등을 소개하는 편지를 수없이 써서 보냈다. 결국 예 노인은 구경도 할 겸 아들을 만나기 위해 평양에 가기로 결정하였다.

여행을 위한 자금이 준비되고, 입고 갈 새 옷도 거의 완성되었다. 그런데 그때 예 노인의 사촌 동생이 찾아왔다.

푸른 비단옷을 입은 예 노인의 사촌 예상호는 수완이 좋고 야망이 있는 사람이었다. 그는 개천에서 군수의 관사 근처에 있는 슬레이트 지붕을 덮은 집에서 살았다. 그는 자신에게 문제가 생기기 전까지는 수내에 있는 자신의 가난한 친척을 한 번도 방문한 적이 없었다. 예상호는 짧은 시간에 돈을 모으려고 궁리하면서 항상 여러 가지 계획을 세웠고, 군수들과 지방의 재력가와 친하게 지내느라 바빴다.

그러나 상황에 따라 그 처지가 바뀌기도 하는 법이다. 그는 몇몇 사람들과 함께 개천의 북쪽에 있는 금 광산에 어마어마한 돈을 투자했다. 물론 시작할 때만 해도 그곳에 금이 있었다. 사람들은 그곳에 금이 엄청나게 많다고 말했다. 그러나 이내 그들의 제한된 자금이 바닥나고 말았다.

동업자 중 한 사람이 예상호에게 물었다.

"당신의 친척이 수내에 살고 있지 않소? 내가 듣기로는 그가 말년에 번성했다고 하던데, 그를 끌어들이는 것이 어떻소?"

그러자 예상호가 대답했다.

"내가 비록 그를 잘 모르긴 하지만, 그는 내 친척이오. 몇 년 전까지만 해도 그는 정말 거지처럼 가난했소. 나도 이제 그의 형편이 좀 나아졌다고 들었소만, 그렇다고 이런 이야기를 꺼낼 정도는 아닐 거요."

"아마 그렇지 않을 게요. 그 노인에게 돈이 얼마나 많은지는 당신도 모르지 않소. 우리는 지금 절망적인 상황에 빠졌소. 다시 한 번 부딪히는데, 가서 그 사촌을 설득해 보시오."

이런 이야기가 오고 간 후, 예상호는 사촌 예 노인에게 자신의 마음을 전하는 편지를 보냈다. 예 노인은 갑작스런 편지에 몹시 놀랐다. 그 편지에는, 예 노인의 건강과 번영을 묻는 안부 인사와 업무 차 덕천에 가게 되었는데 돌아오는 길에 수내에 들르겠다는 내용이 적혀 있었다.

만약 예 노인이 사촌의 예기치 못한 이런 호의와 친절들을 조금이라도 의심해 보았더라면, 그 안에 담긴 불량한 목적을 알아차릴 수 있었을 것이다. 또한 사촌이 장황하게 늘어놓는 사업 이야기를 듣지 않아도 되었을 것이다. 그러나 예 노인은 그를 할 수 있는 한 극진히 대접하였다.

사촌은 편지에서 언급했던 날에 맞추어 수내에 도착하였다. 그가 잘생긴 나귀를 타고 딸랑딸랑 방울을 울리면서 들어오자, 마을 사람들은 야단법석을 떨었다.

예상호는 마음만 먹으면 얼마든지 사람들이 자신을 따르게끔 만들 수 있는 인물이었다. 그는 모든 것에 관심을 보였다. 그가 농장과 가축에 관해 질문하고 샘에 대해 이야기할 때, 예 노인은 이미 마음을 사로잡혔다. 특히 예 노인에게 찬성에 관해 이것저것 물으면서 그가 정말 훌륭한 청년이라고 칭찬하자, 노인은 사촌에게 마음을 완전히 주고 말았다.

시간이 조금 지나자 그는 사업 이야기를 꺼냈다. 그리고 겸손한 태도로, 자신의 집이 누추하지만 가까운 시일 안에 초대하여 예 노인이 극진히 대해 준 데 보답하고 싶다고 말했다.

사실 그는 바쁜 사람이었다. 그가 한 번도 수내에 찾아오지 않았던 이유도 거기에 있었다. 그러나 그는 지금 자신이 하는 사업이 성공하면 자금 압박에서도 풀려나고, 그전보다 더 많은 친구를 사귀며 여가를 즐길 수 있을 것이라고 생각했다.

예 노인 부부가 예상호에게 관심을 보이자, 그는 자신이 몇몇 친구들과 함께 개천의 북쪽에 있는 금광에 투자했다고 이야기했다. 그러고는 힘주어 말했다.

"저는 금광 사업에 경험이 상당히 많습니다. 그런데 이렇게 큰 금광은 생전 처음 봐요. 광석이 매우 좋습니다. 어떤 것은 톤당 60원 정도 합니다. 게다가 파 내려가면 갈수록 더 좋은 광석들이 나오고 있어요. 군산에서 금광 사업을 크게 하는 외국인들이 우리 금광을 사려고 합니다만, 우리가 직접 개발할 생각입니다. 지난주에는 외국인들이 20만 원에 금광을 사겠다고 저에게 연락을 했더군요."

예상호는 마치 20만 원이 자기에게는 별로 큰돈이 아니라는 듯 웃었다. 예 노인과 양 씨는 그에게서 어느 정도 깊은 인상을 받은 것 같았다.

예상호가 계속해서 말했다.

"그런데 다음 주에 금광에서 성공을 기원하는 작은 잔치를 열려고 합니다. 그날 꼭 오셔서 함께 좋은 시간을 가지셨으면 좋겠습니다."

예 노인은 망설였다. 한국에서는 잔치에 초청하는 것을 거절하기가 쉽지 않았다. 게다가 예 노인은 그 광산을 한 번 보고도 싶었다. 그러나 그는 평양에 가려고 준비하고 있었다.

"매우 고맙네만, 가기 어려울 것 같네."

"어렵다니요? 안 됩니다! 여기서 광산까지는 30리 정도밖에 안 됩니다. 반나절 거리예요. 자, 보세요! 제가 타고 온 나귀를 보내겠습니다. 개천에서 덕천까지 오가는 길에는 아무 문제도 없습니다."

결국 예 노인은 사촌의 강요에 못 이겨 그리하겠노라고 말했다. 그는 평양에 가고 싶었지만, 사촌이 나귀까지 보내 주겠다는데 차마 거절할 수가 없었다. 게다가 평양에 갈 때 입을 새 옷도 아직 완성되지 않았고, 하루 정도 늦게 출발해도 그리 크게 문제 되지는 않을 듯했다. 그러나 바로 이 일을 시작으로 닷새 후부터 예 노인은 잘못된 상황에 휩쓸리고 만다.

예상호는 말한 대로 나귀를 보냈다. 예 노인은 생애 처음으로 이렇게 날래고 기운 넘치는 짐승을 타 보게 되었다.

사촌과 그의 친구들은 벌써 광산에 도착하여 예 노인을 기다리고 있었다. 예 노인은 그들의 안내로 광산 주위를 둘러보고, 갱도를 따라 더 깊이 내려갔다. 거기에서는 몇몇 사람들이 흔들리는 불빛 아래 광석을 캐내고 있었다.

"이 석영 암맥이 보이십니까?"

사촌이 축축하게 습기가 찬 곳의 반짝이는 벽을 가리키면서 말했다.

"여기서부터 시작하여 금이 들어 있는 돌들이 수없이 많습니다. 보시다시피 캐내기만 하면 됩니다. 깊이 들어갈수록 더 크고 질도 좋습니다. 이 광산은 수백만 원의 가치를 지니고 있습니다."

예 노인은 바닥에 계속 고이는 물을 바쁘게 퍼내는 사람들을 보았다.

"깊이 내려가면 저 물이 문제가 되지 않겠는가?"

"오! 아닙니다."

예상호의 친구들이 일제히 대답하였다.

"그 문제는 펌프가 도착하면 곧바로 해결됩니다."

호화로운 잔치가 끝난 후, 사람들은 온통 광산과 그것의 밝은 미래에 관해 이야기했다.

예 노인은 이제껏 수백만 원에 대한 이야기가 오가는 대화를 들어 본 적이 없었다. 그런 사람들과 함께 있는 것만으로도 자신이 중요한 사람이 된 것 같았다.

예 노인은 집에서는 전혀 술을 마시지 않았으나, 그곳에서는 권하는 술을 거절할 수가 없었다. 술이 들어가자, 노인은 흥분하여 빈틈없던 판단력이 흐려지고 평정을 잃었다. 세상의 모든 것이 유망하고 가능한 듯 보였다.

그때 예상호가 친구들을 향해 말했다.

"자, 우리 사촌 형님 어떻습니까?"

"좋습니다. 매우 좋습니다!"

그들이 소리쳤다. 사람들이 예 노인에게 확실한 호의를 표하자 노인의 눈이 촉촉이 젖어들었다. 그는 지금까지 이렇게 마음이 끌리는 사람들을 만난 적이 없었다.

예상호가 친구들에게 말했다.

"저는 여러분이 무엇을 원하는지를 압니다. 그래서 한 가지 제안을 하려고 합니다. 제 사촌 형님이 이 사업에 함께하는 것에 내해 이떻게 생각합니까? 물론 저는 우리가 다른 누군가를 이 사업에 끼워 주지 않으리라 결정한 것을 압니다. 그러나 저는 우리의 행운을 형님과 나누고 싶습니다. 만약 여러분이 반대한다면, 저는 제 주식을 형님에게 떼어 드리려고 합니다."

그러자 한 친구가 끼어들었다.

"안 됩니다. 안 돼요! 그것을 받아들일 수는 없습니다. 당신의 사촌이 주식을 얼마나 가지고 싶어합니까?"

주식을 얼마나 가지고 싶어하는가? 예 노인은 살면서 광산에 투자하겠다는 생각을 한 번도 한 적이 없었다. 그러나 이런 계획적인 친절에 넘어가 조심스럽게 대답하였다.

"저는 이런 사업에 전혀 경험이 없습니다. 그 가격이 얼마입니까?"

"우리 주식은 시장에서 한 주당 150원에 팔리고 있습니다. 그러나 그 가격으로 사촌 형님께 팔 생각은 없습니다."

예상호가 설명하였다.

"우리가 사촌 형님과 법적 계약을 체결하여, 형님께서 동업자로 회사에 들어오고 100주를 주당 액면가인 5원에 매입하도록 하면 어떻겠습니까? 100주는 시세로 15,000원이니, 조금 적지요? 그러나 광산이 완전히 열리게 되면, 적은 몫이라도 그 가치가 커질 것입니다. 형님께서 500원만 투자하시면 나중에 큰 부자가 되실 수 있습니다."

예 노인은 깊은 관심을 보였으나, 아직 설득되지는 않았다.

예상호는 계속 말했다.

"부자가 된다고 생각해 보십시오. 형님은 새 집을 지을 수도 있습니다. 또 찬성이가 평양에 있다고 했는데, 그 아이를 도울 수도 있게 됩니다."

이 말은 예 노인의 마음에 깊이 파고들었다. 그러나 그는 한 번 더 생각했다.

"500원! 나에게는 현금이 그렇게 많지 않네. 내가 가지고 있는 돈이라고는 평양에 가려고 마련해 놓은 여비뿐이지."

"괜찮습니다! 물론 원하지 않으시면 함께하실 필요가 없습니다. 그러나 이런 기회는 다시는 오지 않을 것입니다. 평양에 가시는 것을 몇 달 미루신다 해도 결코 나쁘지 않을 것입니다. 이익이 나기 시작하면, 그때는 평양에 걸어가지 않으셔도 됩니다."

"그렇다면 그리하겠네."

예 노인이 말했다. 큰 부자가 될 수 있다는 유혹을 뿌리칠 수가 없었다.

"지금 절반을 내고, 두 주 안에 나머지를 지불하겠네."

예 노인은 찬성에게 편지를 보내, 평양 방문을 연기하게 되었다고 전했다. 그리고 왜 연기할 수밖에 없었는지를 설명했다. 금광 사업은 찬성의 도움이 필요한 중대한 문제였지만, 그는 편지에 이를 막연하고도 어렴풋하게만 암시했다.

찬성은 매우 근심 어린 얼굴로 그 편지를 읽었다. 그는 금광 사업이 가장 위험한 사업이라는 것을 알고 있었다. 그러나 그가 조언하기도 전에 이미 투자가 이루어져 버렸다. 그가 할 수 있는 일은 더 완전한 정보를 기다리는 것뿐이었다.

23
이보다 더 사랑하는 이는 없네

예 노인은 500원을 마련하기 위해 논밭의 일부를 팔았다. 그는 주저하지 않았다. 금에 대해 열병을 앓는 자들은 결코 주저하지 않는다. 그의 머릿속은 큰 부자가 되리라는 환상으로 가득 차 있었다. 그의 아내는 처음에 금광 사업에 관심이 없었다. 그러자 예 노인은 아내 양 씨가 확신을 가지도록 설득하였다.

광산에서는 분명히 수레가 굴러가는 소리가 들렸다. 예 노인이 투자한 500원은 확실히 그 수레가 굴러가는 데 윤활유 역할을 하였다. 그러나 광산을 개발하려는 수고는 점점 자포자기 상태에 이르렀다. 그러다가 결국 광산을 시장에 내놓을 수밖에 없게 되었다.

예 노인은 많은 시간을 광산에서 보냈다. 그는 갱도 버팀목을 마련하는 일과 바깥 건물을 짓는 일을 감독하였다. 그러나 실제적인 채광에 대해서는 이해하지 못했고, 그것은 다른 동업자들이 맡고 있었다. 모든 것이 잘 되어 가는 듯 보였다.

그러던 어느 날, 예 노인은 동업자들이 모인 자리에서 회사의 자금이 모두 고갈되어 자금을 더 마련하지 못하면 광산이 문을 닫게 되리라는 사실을 알게 되었다. 그는 큰 충격을 받았다. 당시 모든 동업자들은 돈에 대해 큰 압박을 받고 있었다. 추가로 자금을 마련하느냐 아니면 지금까지 사업에 퍼부었던 돈을 전부 잃느냐, 둘 중 하나였다.

예상호가 말을 꺼냈다.

"우리 모두 각자 집으로 돌아가 회사를 위해 200원 이상의 돈을 모읍시다. 그렇게 하면 반드시 손익분기점에 이를 수 있을 것입니다."

이는 곧바로 실행되었다. 예 노인은 무거운 마음으로 수내로 돌아왔다. 그리고 남아 있는 땅의 삼분의 이를 팔았다. 예 노인과 그의 아내는 계약서에 도장을 찍으면서 눈물을 흘렸다. 그러나 그렇게 하지 않으면 처음에 투자한 돈을 모두 날릴 수밖에 없는 상황이라서 어쩔 수가 없었다.

한편 돈을 마련해 온 것은 예 노인뿐이었다. 그러나 동업자들은 그런 상황을 예 노인에게 알리지 않았다. 동업자들은 점점 자포자기했고, 이러한 속임수쯤은 그들에게 별 문제도 아니었다.

그런데 더 중요한 사실은 더 이상 금이 나오지 않는다는 것이었다. 다른 갱도를 파지 않는 한, 광산을 포기할 수밖에 없었다. 동업자들은 모두 사업을 제대로 시작하기 전부터 모험을 하여 실패하고, 결국 엄청난 부채를

지게 되었다. 사실 예 노인이 두 번째로 투자한 200원은 그들의 짓궂은 운명을 피해 보려는 마지막 노력이었다.

이제는 예 노인의 눈에도 일이 제대로 돌아가지 않는 것이 분명히 보였다. 모든 일에 돈이 모자랐고, 그제야 그는 동업자들이 약속한 돈을 지불하지 않았구나 의심하기 시작했다. 인부들 중 일부가 일을 그만두고, 광산 주변에서 장사하던 사람들이 임시로 만든 막사를 버리기 시작했다. 마치 사람들이 하나둘씩 떠나고 쥐들이 들끓는 버려진 배와 같았다.

예 노인은 찬성에게 편지하여 일이 잘못되었고 자신이 곤경에 빠졌음을 알렸다. 찬성은 편지를 읽자마자, 자신의 학생이자 고용주인 현 선교사에게 한 주간 휴가를 달라고 부탁하였다. 현 선교사는 흔쾌히 승낙하였다. 그리고 다음 날 아침, 찬성은 개천으로 떠났다.

광산은 막다른 길로 치닫기 시작했다. 동업자들은 회의를 열었다. 그러나 예 노인은 부르지 않았다. 30분 후에 그들은 밖으로 나와 예 노인에게 그날의 업무를 맡기고는 개천으로 향했다.

광산에서는 보통 정오부터 한 시간 동안 쉬는 것이 상례였다. 그러나 그날은 막장에서 여섯 사람이 갱도에 버팀목을 대는 작업을 하고 있었다. 예 노인은 돌을 캐는 사람들이 돌아오기 전까지 이 작업이 끝나기를 바랐다. 그래서 막장에서 그 작업을 끝내라고 지시하였다. 그러고 나서 예 노인은 회사의 사무실에서 점심 식사를 했고, 그 후 몇몇 인부들과 함께 목재를 구하기 위해 산 위로 올라갔다.

산에 오르던 예 씨는 회사가 자리한 곳을 내려다보다가 문득 갱도 입구를 바라보았다. 그때 갑자기 누군가가 숲에서 나오더니 갱도로 들어갔다. 분명히 사촌 예상호처럼 보였다. 그러나 한 시간 전에 개천으로 간 그가 어떻게 여기에 있겠는가?

  예 노인이 계속 그 문제에 대해 생각하고 있을 때 사라진 사람이 다시 나타났다. 그런데 갱도에서 뛰쳐나온 그 사람은 별안간 숲 속으로 도망쳤다. 그가 누구든지 간에 매우 미심쩍은 행동이었다.

  예 노인은 인부들을 불러 자신을 따라오라고 했다. 그리고 산 위로 올라가면서 나무를 찾기 시작했다. 그런데 그들이 절반 정도 올라갔을 때 큰 폭발음이 들렸다. 갱도 입구에서 바위와 부러진 목재들이 연기와 불꽃과 함께 터져 나왔다. 예 노인은 무슨 일이 일어났다는 것을 분명히 알 수 있었다.

  사실 사촌과 그의 동업자들은 개천에 가지 않았다. 그들은 정오까지 기다렸다가 사람들이 갱도에서 모두 빠져나오면 광산을 폭파하기로 모의했다. 부정한 거래를 숨기고 자신들의 체면을 살리려고 그렇게 무서운 일을 꾀한 것이다.

  예 노인은 동업자들에 대한 믿음을 완전히 잃어버렸다. 그들의 무모한 행동은 그들에 대해 가장 나쁘게 추측한 것이 사실임을 입증했다. 의로운 분노가 머리에서 발끝까지 치밀어 올랐다.

  "이놈아!"

  예 노인이 소리쳤다. 그리고 그 도망자를 뒤쫓기 시작했다. 그러다가 갑자기 걸음을 멈추었다. 불꽃이 일고 있는 갱도에 아직도 일하는 사람들이 있다는 사실이 불현듯 생각난 것이다.

"아이고, 다 죽었네!"

그는 갱도를 향해 뛰어 내려갔다. 다른 사람들을 모두 잊고 있었다. 입구는 부러진 목재와 파편 부스러기로 막혀 있었다. 연기와 화약의 유황 냄새로 질식할 것 같았다. 예 노인은 통로를 내기 위해 미친 듯이 입구를 파기 시작했다. 마을에서 많은 사람들이 몰려와 그를 도왔다. 모든 사람들이 소리쳤다.

"안에 사람들이 있대! 안에 사람들이 있다는데! 아이고! 아이고!"

사람들은 손으로 바위들과 부서진 목재들을 치웠다.

점점 바위와 목재더미 사이로 조그만 통로가 만들어졌다. 그러나 거기서 쏟아져 나오는 연기 때문에 눈을 뜰 수가 없었다. 게다가 안에서는 굉음이 들렸다. 그 통로로 바람이 들어가자 오히려 불꽃이 거세졌다. 모두가 뒤로 물러섰다. 예 노인만이 여전히 불길과 싸우고 있었다. 그러나 연기 때문에 어찌할 수가 없었다. 결국 그도 지쳐 뒤로 넘어졌다. 그의 손과 얼굴이 온통 검게 그을려 있었다.

사람들은 예 노인을 끌어냈다. 그는 잠시 의식을 잃고 누워 있었다. 그 주위로 당황하여 놀란 사람들이 몰려들었다. 아낙네들과 갱도에 갇힌 인부들의 자녀들의 울음소리가 점점 심해졌다.

얼마 후 정신을 차린 예 노인은 일어나 거칠게 얼굴을 닦았다. 이미 그의 피부는 화상을 입은 것 같았다. 그러나 그는 자신의 고통은 아랑곳하지 않고 다시 갱도 입구를 향해 뛰어갔다. 입구는 온통 세차게 이글거리는 불꽃으로 뒤덮여 있었다.

"다른 입구는 없습니까?"

예 노인이 군중 속에 있는 광부들을 향해 외쳤다. 그러자 한 사람이 대답했다.

"있긴 합니다. 알려 드리기는 하겠지만, 그리로 내려갈 수는 없습니다."

"나에게 그 길을 알려 주시오!"

그러자 그는 예 노인을 나무 수풀 사이에 있는 환풍구로 인도하였다. 모여 있던 사람들도 그를 따라갔다. 환풍구는 입구에서 조금 떨어진 곳에 있었다.

"이것이 주 갱도와 연결되어 있습니다. 그러나 저기, 연기와 가스로 가득 차 있는 게 보이시지요?"

예 노인을 인도한 사람은 환풍구에서 가느다랗게 피어오르는 파란 연기를 가리켰다.

"7미터 정도 들어가면 살 수 없습니다."

예 노인은 주저했다. 그러나 곧 등불을 들고서 그 좁은 구멍을 열심히 기어 내려가기 시작했다. 군중들은 숨을 죽이고 기다렸다. 5분, 10분, 15분……, 어느새 한 시간이 지난 듯했다.

예 노인을 인도한 사람이 말했다.

"소용없는 일입니다. 제가 다시 그를 끌어내겠습니다. 저에게 줄을 가져다주십시오."

사람들이 줄을 찾아 전해 주자, 인부는 줄을 허리에 묶고서 말했다.
"제가 줄을 갑자기 흔들거나 움직임이 멈추면 저를 끌어올려 주십시오."
그리고 나서 그는 환풍구를 따라 내려가기 시작했다. 그런데 그가 아래로 내려가고 얼마 되지 않아 그 줄의 움직임이 멈추었다. 사람들은 그가 지시한 대로 줄을 잡아당겨 그를 끌어올렸다. 그러나 그는 이미 숨이 끊어져 있었다.

사흘이 지나고 불이 스스로 꺼진 후, 비로소 갱도에 갇혔던 사람들의 시신을 발견할 수 있었다. 모두가 질식하여 죽었고, 불에 타지는 않았다. 막장에 갇혀 죽은 것이다. 예 노인은 중간에 손을 앞으로 뻗은 채 죽어 있었다.

찬성은 시신들이 발견된 바로 그날 광산에 도착하였다. 찬성은 아무 말도 하지 않고 조용히 회사의 사무실로 들어갔다. 그곳에는 하얀 천에 덮인 시신들이 죽 놓여 있었다. 노인의 시신은 그를 환풍구로 인도한 사람의 시신 옆에 놓여 있었다. 찬성은 조심스럽게 하얀 천을 거두어 사랑하는 예 노인의 까맣게 탄 얼굴을 한참 동안 바라보았다. 그리고 하염없이 눈물을 흘렸다.

이튿날 아침, 그들은 수내로 떠났다. 여덟 사람이 관에 담긴 채 옮겨졌다. 가는 도중에 고갯길에 이르러, 찬성은 덕천군과 수내를 다시 한 번 내려다보았다. 예 노인과 자신이 처음에 이 언덕길에 올랐던 것과 그 이후 그에게서 많은 도움을 받았던 일이 떠올랐다. 그리고 양 씨를 생각했다. 어떻게 어머니를 만날 것인가?

그나마 자신이 아들 노릇을 할 수 있어서 다행이었다. 그는 무너지는 어머니의 마음을 온 힘을 다해 위로하고자 장례 행렬에 앞서 서둘러 산을 내려갔다.

오랜만에 집으로 돌아온 찬성을 보고 기뻐해야 할 어머니의 기쁨이 어떻게 이렇게 슬픈 애곡으로 바뀔 수 있단 말인가? 뜻밖의 재해는 참으로 무서웠다. 그러나 사랑의 힘은 컸다. 양 씨는 마음이 매우 아프고 찢어질 듯했지만, 한편 그녀를 붙잡고 있는 찬성이 고마웠다. 그들은 그렇게 고통스런 시간들을 보냈다.

그들은 예 노인이 평소에 사랑했던 샘의 바로 위에 있는 산기슭에 그를 안장하고 나서 집으로 돌아왔다. 이윽고 문상하러 온 친구들도 떠나고, 양 씨와 찬성만이 남게 되었다.

"어머니, 내내 생각해 봤는데요, 논밭을 팔고 저와 함께 평양으로 가시지요. 어머니도 예수님을 믿으셔야 합니다. 분명 하나님께서 어머니의 마음을 위로해 주실 것입니다."

양 씨는 망설였다.

"찬성아, 네 아버지는 예수님을 믿지 않았단다. 나도 믿지 않으련다."

찬성은 일어나 자신의 보따리에서 조그마한 낡은 책을 꺼냈다.

"예, 어머니. 저도 아버지께서 예수님이 누구신지 분명하게 알지 못하셨다는 것을 압니다. 그러나 예수님의 말씀을 들어 보십시오. '사람이 친구를 위하여 자기 목숨을 버리면 이보다 더 큰 사랑이 없나니 너희는 내가 명하는 대로 행하면 곧 나의 친구라'(요 15:13,14). 어머니, 저는 인부들을 위해 목숨을 버리신 아버지께서 분명히 예수님의 친구였으리라 믿습니다. 저와 함께 예수님을 따라가시지요. 그 길이 먼저 가신 아버님을 따라가는 길입니다."

양 씨는 눈물을 흘리면서 고마움과 사랑을 담아 찬성을 바라보았다.

"그래, 아들아, 내가 따라가마."

24
대부흥

찬성이 회심한 후 3년 동안 한국의 상황은 크게 변했다. 일본은 러시아와의 전쟁에서 승리하였다. 그러나 일본 군인들은 한국에서 철수하지 않았다. 오히려 일본이 한반도를 섭정할 수 있다는 조약이 체결되었다. 그리하여 한국의 모든 외교 관계가 일본의 간섭을 받게 되었다. 이제 많은 사람들이 보기에, 일본이 한국을 합병하는 것도 시간 문제일 따름이었다.

구한말의 한국 정부는 일본의 무력에 저항할 만한 힘이 선혀 없었다. 어느 국민이 자신의 나라를 잃어버리는 것을 환영하겠는가? 그렇다고 무엇을 할 수 있겠는가? 작은 한국 군대가 아무리 최선을 다해 저항하더라도 현대식 육군과 해군 없이는 아무런 효과도 얻을 수 없었다. 그런데도 사람들은 산으로 들어가 마지막 한 명이 죽을 때까지 투쟁하였다. 용감하고 뜻이 있는 사람들은 어디에서든지 군대를 조직하여 목숨을 걸고 저항하고

자 시도하였으나, 그들의 마음만 더 아플 뿐이었다.

기독교회는 이미 이 민족에게 반드시 필요한 존재가 되어 버렸다. 기독교회는 임박한 재앙의 날들이 몰고 온 혼란과 혼동으로부터 도망치려 하지 않았다. 일본을 돕는 한국인이나 일본인들을 암살해야 한다는 목소리가 적지 않았다. 교회를 비밀스러운 정치 모임을 위한 장소로 이용하려는 사람들도 있었다. 그러나 선교사들과 한국 교회의 지도자들은 이에 반대했고, 그들과 교회는 한국의 적이라는 비난을 받았다.

교회 지도자들은 자신들의 능력으로는 이렇게 불가항력적인 상황을 감당할 수 없음을 인식했다. 그리고 하나님께서 인도해 주시기를, 교회 위에 성령을 부어 주시기를 마음을 모아 기도했다. 특별히 평양에서 '겨울 성경반'을 열 시기가 다가오자 더욱 뜨겁게 기도했다.

평안도와 황해도 지방에서 천여 명의 남성들이 '겨울 성경반'에 참석하기 위해 평양으로 모여들었다. 그들은 낮에는 반으로 나뉘어 성경을 공부하고, 밤에는 평양의 중앙교회에서 열리는 남성을 위한 집회에 참석했다. 준비위원회는 밤 집회에서 전체 교회를 향해 '사랑이 필요하다는 것과 그리스도를 위해 원수도 기꺼이 용서해야 한다는 것'을 특별히 강조하기로 했다.

집회에 대한 관심은 나날이 높아졌다. 토요일 밤에는 몇몇 남자 성도들이 일어나더니 눈물을 흘리면서 형제를 미워한 자신들의 죄를 고백했다.

그런데 다음 날 밤에는 설교를 해도 아무런 반응도 나타나지 않았다. 집회를 인도한 사람은 크게 실망한 채 집으로 돌아갔다. 어둠의 세력이 그들을 사로잡고 있다는 것이 느껴졌다. 지도자들은 새로운 사랑과 연합이 온 교회에 나타나야 하며, 그렇지 않으면 교회가 무너지고 말 것임을 알았다.

선교사들은 당황스럽고 무거운 마음을 안고서 그다음 날 정오에 모여 울면서 하나님께 기도드렸다. 그리고 그날 밤, 하나님께서 그 기도에 응답하셨다. 하나님은 사랑이 부족한 죄를 비롯해 모든 종류의 죄를 질책하셨다. 그리고 한국 교회에 성령을 어마어마하게 쏟아부어 주셨다.

월요일 밤에 길 장로가 설교할 때, 회중들은 크게 감동을 받았다. 이 목사가 앞으로 나와 기도하자고 말했다.

"여러분이 이렇게 기도하고 싶다면 모두 함께 기도합시다."

많은 사람들이 함께 소리를 내 간절히 기도했다. 그러자 말로 형용할 수 없는 일이 일어났다. 조금도 혼란스럽지 않았고, 오히려 일치와 조화가 가득했다. 모든 영혼들이 기도하고자 하는 참을 수 없는 열망으로 함께 기도했다. 오순절에 그러했듯이, 그들은 한곳에 모여 한마음으로 기도했다.

"홀연히 하늘로부터 급하고 강한 바람 같은 소리가 있어 그들이 앉은 온 집에 가득하며"(행 2:2).

하나님께서 언제나 강한 바람 가운데 계시는 것도 아니고, 언제나 작은 소리로 말씀하시는 것도 아니다. 그날 밤 평양에 오신 하나님은 모두가 울도록 역사하셨다. 어떤 사람이 뒤로 물러가 울기 시작했다. 그러더니 한순간에 모든 회중이 울음을 터트렸다. 교회 지도자들이 무슨 일이 일어났는지를 미처 파악하기도 전에, 회중들이 죄를 고백하기 시작했다.

이 목사의 요리사인 젊은이가 일어나 울면서 말했다.

"목사님, 저는 어떻게 해야 합니까? 저는 목사님과 함께 살면서 목사님의 물건을 끊임없이 도둑질하였습니다."

젊은이는 고개를 떨군 채 주체할 수 없는 눈물을 한없이 쏟았다. 회중들도 그와 함께 울었다.

스무 명의 남자들이 고백할 기회를 구하자 잠시 울음이 멈추었다. 그리고 한 사람이 고백하면, 또다시 온 회중이 울면서 함께 기도하였다. 이러한 기도가 새벽 두 시까지 계속되었다. 파리해진 얼굴로 두려워 떨면서 몸과 마음으로 괴로워하는 모습을 보니, 죄인들이 심판의 광채 앞에 서서 자신들을 바라보시는 하나님을 뵌 것 같았다. 교만이 사라지고, 다른 모든 것을 잊어버린 얼굴들이었다. 그들은 자신들이 배반한 예수님을 바라보면서 울부짖었다.

"주여, 주여, 우리를 영원히 버리지 마옵소서!"

죄를 공개적으로 고백하는 데 찬성하는 사람도 있고, 반대하는 사람도 있었다. 그러나 성령이 죄인들의 영혼에 임하면 죄를 고백할 수밖에 없으며, 이 땅의 어떤 힘도 그것을 막을 수 없다.

25
찬성의 고백

찬성은 처음부터 교회 지도자들이 추구하는 바를 이해했고, 특별 기도회에도 열심히 참석했다. 찬성은 사람들이 은혜를 받아 죄를 미워하며 고백하고 용서를 구하는 모습을 보니 매우 기뻤다. 그런데 그들이 자신들의 과거에 숨겨져 있던 죄들을 고백하기 시작하자, 찬성은 괴로워졌다.

자신의 큰 죄는 무엇인가? 자신도 죄를 반드시 고백해야만 하는가? 사람들이 울면서 고백하는 죄들은, 찬성 자신이 지은 죄와 비교하면 아무것도 아니었다. 그러나 어떻게 이 많은 사람들 앞에서 일어나 자신이 살인자임을 고백한다는 말인가? 그리고 법대로 하면, 그다음에 무슨 일이 벌어지겠는가?

찬성은 월요일 밤 내내, 고백의 큰 돌풍이 온 교회를 휩쓰는 동안 고개를 숙이고 다른 사람들과 함께 조용히 울었다. 집회가 끝나자 그는 도망치듯이 자신의 방으로 달려갔다. 잠을 잘 수가 없었다. 그는 밤새 오래전에 지은 자신의 끔찍한 죄를 생각했다. 자신이 하나님 앞에서나 사람 앞에서 죄인이라는 사실을 처음으로 깨달았다. 그리고 자신이 사람을 죽인 큰 죄에 더하여 형제들을 속이고, 감히 피 묻은 손으로 거룩한 강단에 서서 다른 사람들에게 설교했다는 사실을 깨달았다.

이제 더 물어볼 필요도 없이 찬성은 자신의 죄를 교회 앞에 고백해야 마땅했다. 그러나 어떻게 그것을 고백할 수 있겠는가? 자신을 믿고 있는 사람들에게, 자신이 여러 해 전에 어린 아내를 죽였으며 지금까지 다른 이름을 가지고 법을 피해 도망자로 살아왔다는 사실을 어떻게 말할 수 있겠는가?

더욱이 어떻게 자신의 아버지에게 이런 수치를 끼칠 수 있겠는가? 찬성은 아버지가 여전히 살아 계신 것을 알고 있었다. 비록 태평동에 가까이 갈 엄두를 내지 못했지만, 그는 평양에 온 이래 아버지에 관한 소식을 끊임없이 수소문해 잘 알고 있었다. 만일 그가 죄를 고백한다면, 그는 분명 체포되어 형을 받을 것이다. 어쩌면 사형에 처해질지도 모른다. 많은 사람들 앞에서 자기 죄를 고백하여 자신과 아버지를 욕보이느니 차라리 죽는 것이 쉬워 보였다.

찬성은 마음에 큰 부담을 안고서 화요일 밤에 다시 교회로 갔다. 집회는 월요일 밤보다 더 극적이었다. 여섯 시간 동안이나 회개하고 죄를 슬퍼하는 물결이 온 회중을 휩쓸었다. 찬성은 더욱 심령이 찔려 괴로워했다. 찬성은 크게 고뇌하여 기진맥진했다. 그리고 마치 사형을 선고받은 사람처럼 앉아 있다가 일어나 피곤한 몸을 이끌고 집으로 돌아갔다. 마음의 전쟁이 밤새 계속되었다.

그런데 그날 밤, 찬성 혼자서만 고심한 것이 아니었다. 찬성의 의기소침한 얼굴을 본 많은 사람들이 그에게 도움이 필요하다는 것을 짐작하고는 그를 위해 기도했다. 찬성은 그렇게 씨름하면서 두 번째 밤을 보냈다.

다음 날, 찬성은 하루 종일 생각하고 또 생각했지만 평안을 얻을 수 없었다. 그리고 그날 밤에는 중앙교회에서 남녀가 함께 모이는 정기 기도 모임이 열렸다.

예배당에는 사람들이 다시 가득 들어찼다. 회개의 영과 죄에 대한 슬픔이 동일하게 나타났다. 이 목사는 예배를 인도하면서 간단히, 그러나 힘 있게 말씀을 전했다.

"지금 우리는 한 회중으로, 한 가족으로 모였습니다. 성령께서 이 모든 날 동안 우리를 이끌어 회개하게 하셨습니다. 만일 여전히 죄 때문에 괴로워하는 심령이 있다면, 그리고 아직도 평안을 얻지 못하는 영혼이 있다면, 바로 오늘 밤 이 시간에 그 죄의 짐을 내려놓기를 바랍니다. 왜 홀로 그 죄를 지고 가려 합니까? 오늘 밤에 여러분 자신과 여러분의 죄를 예수님에게로 가져오십시오. 하나님의 어린양이신 예수님은 세상의 죄를 짊어지셨습니다."

찬성의 귀에는 이 목사의 말이 오직 자신에게 직접 하는 말처럼 들렸다. 더는 저항할 수 없었다. 찬성은 일어나 앞으로 나아갔다. 그러고는 힘이 없어서 강대상을 붙들고 말하기 시작했다.

"저는 모든 죄인들 가운데 가장 큰 죄인입니다. 여기에 앉아 있는 여러 날 동안 저는 아무 말도 할 수가 없었습니다. 왜냐하면 저의 죄가 가장 크기 때문입니다. 그러나 이제 저는 설령 제가 죽는다 할지라도 저의 죄를 고백해야만 합니다. 저는 하나님을 속였고, 여러분 모두를 속였습니다. 저의 이름은 예찬성이 아닙니다. 저는 한찬성입니다. 10년 전에 저는 태평동에 살았습니다. 제 아버지는 아직도 그곳에 사십니다. 하나님은 저에게 아름다운 아내를 주셨습니다. 그런데 어느 날 우리가 다투게 되었고, 저는 악한 분노에 사로잡혀 아내를 때려 죽이고 말았습니다. 그 후 저는 그곳에서 도망쳤습니다. 오, 하나님, 이런 저의 죄악을 고백합니다. 저를 용서해 주십시오! 저를 용서해 주십시오!"

그는 바닥에 엎드려 울면서 용서를 구했다. 모든 회중이 고개를 떨구고 그와 더불어 하나님을 향하여 울부짖었다. 그런데 고개를 떨구지 않은 한 사람이 있었다. 찬성의 고백을 듣고는 여자들 사이에 앉아 있던 천화가 깜짝 놀라 일어나 울면서 앞으로 걸어 나왔다. 그녀의 눈물에는 놀라운 기쁨의 빛이 서려 있었다.

그리고 또 한 사람 역시 고개를 떨구지 않았다. 찬성이 죄를 고백하자 강단 위에 있던 길 장로도 놀라 일어난 것이다. 길 장로는 천화가 걸어 나오는 것을 보고 그녀에게 다가가 중간에서 만났다.

천화는 울면서 소리쳤다.

"장로님, 들으셨죠? 장로님, 들으셨죠?"

"그래, 하나님께 감사하자. 그러나 여기서는 그에게 말하지 마라. 우리 집에 가 있어라. 그리하면 내가 그를 데리고 가마."

길 장로는 다시 강단으로 돌아와 찬성 주위에 모여 그를 위로하는 사람들에게로 갔다.

길 장로는 "나에게 그를 맡기십시오"라고 말한 후, 울고 있는 찬성을 일으켜 세웠다. 그러고는 그를 데리고 예배당 뒷문으로 나갔다. 길 장로는 비록 눈이 조금 어두웠으나 매우 강인한 데다가 길을 잘 알고 있어서, 울고 있는 젊은이를 데리고 옆문을 통과하여 길 건너 자신의 집에까지 갈 수 있었다.

천화는 문 앞에서 서서 기다리고 있었다. 그러나 찬성의 눈은 눈물로 범벅이 되어 그녀를 알아보지 못했다. 길 장로는 낮은 목소리로 천화를 불렀다. 천화가 그 두 사람 곁에 섰다. 그러자 길 장로가 말했다.

"형제여, 하나님은 오늘 밤 자네와 우리에게 너무나 좋은 일을 행하셨네. 형제가 죽었다고 생각하는 아내는 죽지 않았네. 그녀가 오늘 밤 여기 있다네. 바로 자네 옆에 말이야. 자, 바로 그녀일세. 천화야, 말해라. 그에게 다가서거라."

천화는 찬성의 발 앞에 무릎을 꿇고 기쁨의 눈물을 흘렸다.

"찬성 씨! 당신이 제 남편이에요. 저를 모르시겠어요? 제가 당신의 아내인 춘화예요."

그제서야 찬성은 그녀를 알아보았다.

"하나님, 감사합니다! 이것이 사실입니까!"

그리고 찬성은 천화를 일으켜 세웠다.

길 장로는 손을 들어 그들을 축복하고, 둘이서 즐거운 시간을 가지도록 그 자리를 피해 주었다.

26
태평동 집으로

찬성과 천화는 평양에서 태평동까지 함께 걸어갔다. 이틀이 걸렸지만, 그 길이 매우 짧게 느껴졌다. 세상이 이토록 아름다운 것도 처음이었다. 두 사람은 여러 해 동안 헤어져 살았던 자신들을 인도하신 하나님의 섭리에 놀라며 고마워했다.

그들은 함께 있다는 것이 너무나 즐거웠다. 서로의 사랑스러운 목소리를 들었고, 서로의 눈을 바라보면서 그 안에 어려 있는 사랑의 빛을 보았다. 때때로 말로 표현할 수 없는 즐거움이 노래로 터져 나왔고, 여러 번 길가에서 무릎을 꿇고 하나님께 감사하는 마음을 쏟아 냈다.

그들은 한 촌장을 생각하며 주로 그를 위해 기도했다.

천화가 말했다.

"아버님께서 예수님을 믿기만 하신다면, 그보다 더 큰 기쁨이 없을 것입니다."

그러자 찬성이 대답했다.

"우리가 어떻게 그것을 감히 의심할 수 있겠소? 우리에게 이처럼 많은 것을 베풀어 주신 하나님께서 아버지를 위한 우리의 기도에 반드시 응답하실 것이오."

마침내 그들 앞에 태평동이 나타났다. 강은 여전히 얼어 있었다. 그들은 얼음 위를 지나 강을 건넜다. 찬성은 마을 아래의 집들을 피해, 어린 시절 그대로인 길을 따라 아버지 집의 문 앞에 이르렀다.

천화가 말했다.

"제가 먼저 들어가 보겠습니다. 당신은 제가 부를 때까지 밖에서 기다리세요."

천화는 혼자 공부하고 있는 촌장을 발견하였다. 늙고 약해진 촌장의 모습을 보고 천화는 깜짝 놀랐다.

"춘화야! 너인 게냐?"

촌장은 그녀를 보자마자 기쁨을 감추지 못하고 외쳤다.

"예, 아버님. 이제 이곳에 머물려고 왔습니다."

그 말에 촌장이 탄성을 지르자, 천화가 서둘러 말을 이었다.

"저는 그리스도인으로 사는 것을 포기하지 않았습니다. 대신 이제 아버님께서 저와 함께 그리스도인이 되셔야 합니다. 제가 아버님께 드리는 말씀을 다 들으시고 나서 대답해 주세요."

그녀는 시아버지에게 다가가 무릎을 꿇고 앉아 그의 손을 잡았다.

"아버님, 저는 아버님께서 그동안 얼마나 힘드셨을지를 압니다. 그러나 하나님은 좋으신 분입니다. 들어 보세요. 제가 전에 와서 아버님께 그리스도인이 되시라고 부탁드렸을 때 아버님께서 저에게 뭐라고 말씀하셨는지 기억하십니까? '하나님이 내 아들을 돌려준다면 하나님이 좋으신 분이라는 것을 내가 믿겠다'라고 하셨지요? 아버님, 그 약속을 지키실 것입니까? 만약 하나님께서 오늘 그 아들을 돌려주신다면, 정말 그리스도인이 되시겠습니까?"

며느리의 말에 한 촌장의 얼굴에서 핏기가 가셨다. 촌장은 떨면서 대답했다.

"얘야! 말조심하거라. 내가 그 말을 감당할 수가 없구나."

천화는 더 이상 대답을 기다리지 않고 찬성을 불렀다. 그러자 찬성이 눈물을 글썽이면서 아버지 앞에 나타났다.

"아버지! 아버지!"

아들이 살아서 자신의 눈앞에 나타나다니! 꿈인가, 생시인가?

촌장은 감격에 겨워 도저히 몸을 가눌 수가 없었다.

"내 아들이! 내 아들아!"

그들은 서로 부둥켜안고서 한참을 울었다.

찬성은 아버지를 붙잡았던 손을 살며시 놓고는, 천화 옆으로 가서 무릎을 꿇고 앉았다. 그리고 천화의 손을 잡고서 말했다.

"아버지, 보십시오. 하나님은 아버지가 잃어버린 줄 알았던 자녀들을 되돌려 주셨습니다. 아버지, 저도 그리스도인입니다. 아버지, 지금도 예수님을 믿지 못하시겠습니까?"

촌장의 눈에서 하염없이 눈물이 흘러내렸다. 그리고 그의 두 손을 두 사람의 머리 위에 각각 올려놓은 후, 비로소 항복하였다.

"오, 하나님의 아들이신 예수님, 저의 교만한 마음을 자복합니다. 당신이 살아 계시고 정말 좋으신 분임을 이제야 알았습니다. 어리석은 저를 용서하소서. 이제 당신에게 저를 내드립니다."

옮긴이 **김홍만** 목사는 대학에서 무역학을 전공했으며, 총신대 신학대학원을 졸업한 후 도미하여 Alliance Theological Seminary를 졸업(M.P.S)하고, Reformed Theological Seminary에서 청교도 연구로 철학박사(Ph.D) 학위를 받았다. 현재 국제신학대학원대학교 역사신학 교수로 재직 중이며, 한국청교도연구소 소장을 역임하고 있다. 저서로는 『당신의 구원을 점검하라』, 『복음의 위선자를 깨워라』, 『52주 기독교 강요』(이상 지평서원), 『한국 초기 장로교회의 청교도 신학』, 『개혁주의 부흥신학』, 『개혁신앙으로 돌아가라』(이상 옛적 길), 『다시 쓰는 야베스의 기도』, 『해설 천로역정』, 『선택받음』, 『개혁주의 주일성수와 십일조』, 『52주 스터디 천로역정』(이상 생명의말씀사), 『복음전도 바로 알기』(청교도신앙사), 『영적 바이러스를 치료하라』(솔로몬) 등이 있다.

세상에서 가장 아름다운 고백

지은이 | 방위량
옮긴이 | 김홍만

펴낸곳 | 지평서원
펴낸이 | 박명규

편 집 | 정 은, 김희정, 김일용
마케팅 | 김정태

펴낸날 | 2017년 1월 20일 초판

서울 강남구 선릉로107길 15 (역삼동) 지평빌딩 06144
☎ 538-9640,1 Fax. 538-9642
등 록 | 1978. 3. 22. 제 1-129

값 9,000원
ISBN 978-89-6497-064-5-03230

메일주소 jipyung@jpbook.kr
홈페이지 www.jpbook.kr
페이스북 www.facebook.com/jipyung
트 위 터 @_jipyung